転移分析

理論と技法

マートン・M・ギル【著】
神田橋條治　溝口純二【訳】

Merton M. Gill
ANALYSIS
OF
TRANSFERENCE

Ψ
金剛出版

ANALYSIS
OF
TRANSFERENCE
Volume I
Theory and Technique

by

Merton M. Gill

Copyright © International Universities Press, 1982
Japanese translation published by arrangement with
Paterson Marsh Ltd. through The English Agency (Japan) Ltd.

転移分析・目次

謝　辞……………………………………………………………5
序　章……………………………………………………………9
第1章　転移の解釈とは………………………………………17
第2章　転移と抵抗……………………………………………35
第3章　転移解釈は治療の中心………………………………47
第4章　分析の場内で転移を展開させる……………………61
第5章　転移は常に存在する…………………………………71
第6章　転移はすべて分析の場の現実と関連している……87
第7章　転移分析における現実の場…………………………109
第8章　今ここでの転移解釈　対　発生論的転移解釈と転移外解釈……123
第9章　KLEIN学派の転移解釈………………………………131
第10章　FREUDの遺したもの………………………………141
結　語……………………………………………………………179
文　献……………………………………………………………182
あとがき…………………………………………………………193

謝　辞

　Samuel D. Lipton博士と，第2巻の協力者Irwin Hoffman博士，ならびにIlse Judas博士にたいして，本書の中のさまざまなアイディアを発展させ，磨いていく上での御助力を得たことを多とし，感謝します。といっても彼らが本書の内容すべてに同意しているわけではありません。わたくしの同僚や訓練生たちも，さまざまな機会，数多くのセミナーやスーパーヴィジョンにおいて事例を提供してくれ，アイディアが形に成るのを助けてくれました。わたくしがAbraham Lincoln医学校で働いてきたときの代々の医学部長，Melvin Sabshin博士，Hyman Muslin博士，Lester Rudy博士にも感謝いたします。彼らはわたくしを励まし，好きなように仕事をする自由をくださいました。本巻の一部は国立精神衛生研究所の研究科学者助成金＃19436の支援を受けました。

　以下の出版社に対し，出版物からの引用を許可してくださったことに感謝いたします。

　標準版Sigmund Freud全集，改訂編集James Strachey, Sigmund Freud著作権会社，精神分析研究所，Hogarth社．
　Sigmund Freud論文集第2巻，編集Ernest Jones，翻訳指導Joan Riviere, 出版Basic Books社，協力Hogarth社，精神分析研究所，London.
　Sigmund Freud論文集第3巻，編集Ernest Jones, 翻訳Alix and James Strachey, 出版Basic Books社，協力Hogarth社，精神分析研究所，London.
　Sigmund Freud論文集第5巻，編集Ernest Jones, and James Strachey, 出版Basic Books社，協力Hogarth社，精神分析研究所，London.
　自己を語る，Sigmund Freud, 出版W. W. Norton会社．
　快感原則の彼岸，Sigmund Freud, 出版W. W. Norton会社．
　「精神分析について」，Sigmund Freud, 出版W. W. Norton会社．
　集団心理学と自我の分析，Sigmund Freud, 出版W. W. Norton会社．
　精神分析入門，Sigmund Freud, 出版Liveright出版会社．
　続精神分析入門，Sigmund Freud, 出版W. W. Norton会社 and Geroge Allen

& Unwin 会社.

非医師による精神分析の問題, 出版 W. W. Norton 会社.

精神分析学概説, 出版 W. W. Norton 会社.

ヒステリー研究, Josef Breuer and Sigmund Freud, ドイツ語からの翻訳と編集 James Strachey, 協力 Anna Freud, 補佐 Alix Strachey and Alan Tyson, 合衆国出版社 Basic Books, 協力 Hogarth 社.

精神分析技法の諸問題, Otto Fenichel, 出版 精神分析季刊誌会社.

「精神分析の適用範囲の拡大：討論」, Anna Freud, アメリカ精神分析学雑誌, 2 巻 (1954).

精神分析の技法, Edward Glover, 出版 Balliere, Tindall & Cox.

「精神分析の治癒要因」, Paula Heimann, 国際精神分析学雑誌, 43 巻 (1962).

「精神分析の治癒要因」, Pearl King, 国際精神分析学雑誌, 43 巻 (1962).

「転移の起源」, Melanie Klein, 国際精神分析学雑誌, 33 巻 (1952).

「分析家の心はどのように働くのか」, Ishak Ramzy, 国際精神分析学雑誌, 55 巻 (1974).

「精神分析過程への抵抗」, Leo Stone, 精神分析と現代科学：統合的学際的研究年報, II 巻, 編集 Benjamin B. Rubinstein (著作権 1973, 精神分析と現代科学会社). 引用許可 Macmillan 出版社　Free 出版.

「精神分析状況と転移」, Leo Stone, アメリカ精神分析学雑誌, 15 巻 (1967).

「精神分析の治療行為の本質」, James Strachey, 国際精神分析学雑誌, 15 巻 (1934).

転移分析
理論と技法

序　章

　本書の論点は，転移の概念化と分析法の両面で現在のところ流布している，とわたくしが見なす核心にひとつの変革を提案するものです。論の焦点は転移分析こそが治療の中心であるということですが，それを単に伝統的な発生論的解釈を通してだけでなく，それ以上に重要な，いまの分析状況の中にしばしば広く密かに表れている転移の諸相，を理解することを通しておこなおうとするのです。

　この提案の背景には，こんにちおこなわれている精神分析治療が，技法的に質の良いものではない，というわたくしの考えがあるのです。殊に，転移分析が，精神分析技法の核であるとされながら，実務の場ではきちんと取り組まれていないと言いたいのです。

　精神分析が実際におこなわれるありようが，この意見の立証をとても困難にしています。その点 Bird (1972) に同意します。彼は「個々の分析家が，日々の患者との分析で実際に転移をどのように扱っているのかほど，未知の領域は精神分析のなかで他にない」と書いています (p.271)。わたくしの意見の基盤をなしているのは，同僚の事例検討を聴いたこと，精神分析の訓練生のスーパーヴィジョン，文献の症例素材，これまでに入手できた精神分析セッション録音にみられる共通の味です。もちろん，録音例については提示は選択されたものですし，おそらく修正が加えられているはずです。またすすんで精神分析のセッションを録音しようとするような分析家は，まさにその行為によって，転移が核であることを理解していない実践家であることを露呈しているのだ，と論じる人がいるかもしれません。あるいは，そんなことをする分析家は，録音するという状況が分析にもたらす負荷が，もはや**真性**の分析治療が不可能な程度にまで，転移を汚染あるいは歪曲するということを認めたらよかろう，と言う人もありましょう。わたくしはそうした主張には同意しません。確かにすすんで分析を録音しようとする分析家は，通常の精神分析家たちの志向とは大きく異なっているだろう，ということはわたくしも認めますが。

　読者にわたくしの観点を理解してもらうために，転移分析に関わる Freud の

実践について考えを述べておく必要もあります。分析技法の諸原理は非常に早い時期に出来上がったと思います，おそらく1898年頃です。もちろん転移の扱いに関するFreudの技術は成長しました，それは理論上転移が核であるとの確信が成長するにつれてです（もっとも顕著に表れているのは，1911-1915年の技法に関する諸論文です）。にもかかわらず，転移の役割については理論上大きな変化はありませんでした。くわえて治療実践で，彼はそうすべきだったのに，決して転移解釈を核にしなかったとわたくしは思います。彼の理論の中心は転移に置かれているのに，実践では転移分析は，転移外の用語で神経症者の分析をおこなう作業，の補助として用いられていたように見えます。「転移外（extra-transference）」という用語を，わたくしはこの用語の通常の意味で用います。すなわち，治療状況の外部という意味です。だからといって，治療状況外の患者の生活での転移の役割を否定しているわけではありません。

さらに，こんにちの分析実践のおおかたの傾向についても述べておかなければなりません。それらはFreudの実践と対照的であり，それよりも劣っています。この傾向は，転移がどのように分析されるかということと大きく関連しています。Freudは，今日の分析家がおこなうよりも，もっと自由に患者と関わっていました。患者との関わりを控えることの根拠は，現実の状況との絡み合いからできるだけ明確な形で転移を突出させるためですが，この目的の追求には，応答をしなければ現実の状況に影響を及ぼさない，という恐ろしく誤った思いこみがしばしば伴っています。分析状況は対人関係状況ですから，応答をしないことも相互作用の一種なのです。応答をしないことは，よりあからさまな相互作用のどれともひとしく，転移構築の立派な基盤になりうるのです。外から眺めている人の判断としては，関わり合いの範囲と強度とを制限しなさいと忠告できましょうが，転移は常に必然的に患者と現実の状況とが絡み合っているものです。分析家が何もしなくても，何かをするのと同様，それは現実ですから，転移がその周りに織り込まれます。

さらに，Lipton（1977a）が示唆しているように，関わり合いを用いて転移の操りをおこなうある種の分析家たちに対する過剰反応として，多くの分析家が，患者との相互関係を制限――あらゆる個人的関係を排除しようとする程度にまで――するようになりました。彼はこのことを，技法に含まれている一部分の膨張しすぎと見なしています。同時に彼は，あらゆる相互作用は，たとえ技法としてのものでなくても，転移に影響することがあると強調しました。分

析家の技法としての行動もそうでない行動も，ともにそのときの現実状況であり，それ故患者にとっては，転移の根拠となり合理化として利用できるものなのです。わたくしの結論は，分析家は，Freudがそうしたように，患者ともっと自由な種々の関係を持つべきであり，そうしていても分析家が，技法としてのものであれそうでないものであれ，自分の行動が転移に及ぼす影響を頭に置いておけば，転移は適切に分析されうるということです。

このように転移分析を強調すると，わたくしが攻撃的で執拗な転移分析を主張し，分析家のそうした行動が転移に及ぼすかもしれない影響をまったく考慮していない，と誤解されるかもしれません。もちろん原則というものはそのように誤用されることがあります。わたくしはFenichel（1935）のWilhelm Reich批判を思い出します。信奉した原則が正しいものであったにしても，彼はその原則をあまりにも好戦的に用いたのです。もし転移分析があまりに攻撃的に用いられ，しかもその行動が転移に与える影響を顧慮することなしにおこなわれると，それ自体，わたくしが主張している原則の違反です。わたくしの立場は，分析家の行動が患者の転移加工の出発点になる，ということを常に考慮するというものです。

わたくしが今ここで（here-and-now）の転移分析に焦点を当てているからといって，発生論的解釈の重要性を軽視していると取らないでほしいのです。わたくしがここで提唱しているのは，前者の転移分析が先行するということです。

わたくしは，転移分析はこんにち，一般にちゃんとおこなわれていないと思うと述べましたが，同時に，転移分析において現実の状況を考慮する，という技法は新しいものではなく，すべての分析家によって少なくとも散発的にはおこなわれているし，おそらく体系的におこなっている人もいるのは確かだということも認めます。そう考える根拠の一部は，わたくしが述べねばならぬことのすべてが，すでにあれこれの文献にあるという事実にあります。そのことを示すべく，わたくしは文献から広く引用をおこなっています。

だとしたら，わたくしは本書でどのような寄与をするのでしょうか？　第一に，わたくしはひとつの体系的な構造を造りあげたと思います。そしてひとつの強調をおこないました。これは真に新しいことだと思っています。わたくしの希望は，読者が，FenichelがReichについて言ったと同質の信念に至って下さることです。すなわち，彼は「こうした原則がFreudの観点をたんに練り上

げたものにすぎないうちは，それらは何も『新しいものではない』。しかし，しっかりと練り上げられたものなら，その点で新しいものである」（1935, p.453）と。だからわたくしは，転移解釈を適切におこなうことに失敗した分析家たちの中で，その失敗が重要な知的基盤に由来し，本質として情緒的な基盤によるものではない方々に，影響を与えたいのです。

第二に，文献によっては，わたくしが考察しようとしているこの問題についての意見が非常に大きく異なっています。読者がわたくしの提案によって，これらの問題についてわたくしの主張に近づいてほしいと願っています。

第三に，技法について読むことは，技法を学ぶ方法としては，自身が分析をうけることや，はじめスーパーヴィジョン下での，その後自立しておこなう分析治療の実践に比べれば，かなり劣った第三の方法にすぎないことはわかっています。それでも，まとまりのある体系的な知的枠組みは，無視できない価値を持っているのです。

さらに，本書の第1巻は理論と技法に焦点を当てていますが，第2巻はIrwin Z. Hoffmanと共著で，録音されたセッション記録の詳細な検討をおこなっています。これらの記録は，転移分析の典型的な問題を提示すべく，数多くの分析や精神療法から選び出されたものです。Hoffman博士とわたくしは，この詳細な素材の提示からのみ，わたくしたちが分析過程において転移分析を先行的かつ最重要と主張すること，の意図が明らかになるだろうという意見です。口先だけで原則を話し，実際には遂行しないのなら簡単です。わたくしたちは，たとえば，転移解釈に熱中しすぎてしまい，その熱中が転移に与えた影響を認めることに失敗してしまった例，をも含めるつもりです。転移解釈の重要性を確信するようになった治療者は，特に初期の熱中期にこの誤りを犯しがちなのです。

文献に見られる症例素材のほとんどは，要約形式の短文です。Glover (1955) は，適切な症例報告には，非常に多くのスペースが必要だと述べています。彼によれば，

> 多くの分析家は，臨床素材を次のようにすることでこの問題を処理しようとする。すなわち，圧縮，選択，第二次加工の過程を経て，最後には簡潔で，包括的な，見たところ説得力のある要約を読者に提供するというものである。言うまでもなく，科学的観点からは，こうしたことはまったく不適切な手続きであり，あらゆる種類の偏向

性への門戸を開き，事実，分析的解釈への信用と信頼性とを大いに引き下げてきたのである [pp.vii-viii]。

　Gloverは，分析の元データは提示できないと結論づけ，彼自身「寸描」だけに限定しています。彼の考えでは，録音は認めがたいものです。というのは録音が一部「逆転移」の自発性を妨げるかもしれないからです。さらに彼は，録音は「精神分析過程での多くの重要なこと」を伝えられない，と主張します。しかしGloverが考察していない点があります。それは，広範な臨床素材のサマリーと限定された部分の逐語的な提示とでは，与える影響が異なるという点です。わたくしの意見では，技法はセッションを逐語的に記録したもの（あるいはそれを聴くこと）によって，ならびに1回のセッションか何回かのセッションのサマリーとによって提示され，学ばれるべきものです。治療過程の微細部分の検討は，サマリーでは省略される多くのことを明らかにします。
　提示の3番目には，精神分析状況の体系的な研究を含みます。第1巻で論じた転移分析の原則は，提示された精神分析的ないし精神療法的セッションを転移の操作方法（操作の誤りや無視を含む）の種別で，コード化する図式の開発へと至りました。この図式は，Hoffman博士との共同作業の結果ですが，体系的で意味深い研究の基礎を提供します（Gill and Hoffman, 1982参照）。
　実のところ，体系的研究が欠如しているせいで，たとえわたくしの賛同する原則が文献から引き出すことができるものであっても，それらがしばしば実践に結びついてないというのがわたくしの意見なのです。体系的研究によってのみ，経験からの知見は確定され，理論は共通の確かな知識となり，理論創始者の評判や名声から解き放たれるのです。この状況は，同一化が，最初は取り入れなのですが，真に自我に統合されるようになるには，元の所有者からの目印を剥ぎ取られなければならないことに喩えられるかもしれません。Freudがゲーテのファウストから，賛意を表して引用している言葉を思い出します。「先祖から承け継いだ物でも，それをおまえの真の所有にするには，おまえの力で獲得しなければならぬ」（手塚富雄訳，ファウスト，中公文庫）（Freud, 1940, p.207）。
　以上のことをわたくしの観点として，次のように論を進めていくつもりです。最初に，しばしば曖昧になる3つの事柄を明確にします。(1) 促進する転移（facilitating transference），Freudは，抵抗とはならない陽性転移

(unobjectionable positive transference) と呼んでいる，と妨害する転移 (obstructing transference)，Freudは，転移抵抗と呼んだ，との違い。（2）転移に気づくことへの抵抗を解釈することと，転移解消への抵抗を解釈することとの区別。（3） 転移と抵抗とのさまざまな関係を表すために用いられている，重複しあう用語間のしわけ。ここでのわたくしの提案は，抵抗が防衛と混同されているために，抵抗はすべて転移の中で表出されることが認識されていないという点です。

分析作業において転移が核であることを論じるに当たって，Freudの2つのモデルを引用することから始めています。一つは，転移は付加的なものであるというもの，もう一つは，転移は分析作業の中心となるというものです。後で示すように，Freudの立場は，過去の反復は，分析状況内の転移の中でできる限り奨励されるべきである，なぜなら転移はそこでこそもっとも適切に扱われるから，というものでしたが，彼はどうやってそれを進めるのかについては明らかにしていません。ここで重要なことは，分析状況自体がそうした反復をどのように促進するかについて考察するだけでなく，分析家は，転移についてはっきりとは表れていない連想の中に，転移へのほのめかしをどんなやり方で探すべきかを考察することです。それからわたくしは，転移の遍在性について討論します。それとの関係で，転移と転移神経症との区別について検討します。さらにまた，転移の初期の解釈についても扱います。

転移に気づくことへの抵抗を解釈するためには現実の分析状況をいかに考慮しなければならないか，という問題について言えば，まず指摘しておきたいのは，分析状況は対人関係的なものであるから，あらゆる転移は現実の状況と結びついて当然だという点です。それに引き続いて，転移に気づくことへの抵抗の解釈と，転移解消への抵抗の解釈とが連なります。転移解消への抵抗の解釈には，現実状況への患者の態度と，現実状況への他にも可能な体験の仕方とを比較すること，それらは相互に絡み合っていますが，それと新しい体験自体を検討すること，それは患者と分析家との相互作用の分析によって生じますが，の両方が必要です。ここでわたくしは，発生論的解釈や徹底操作の重要性を否定しているわけではありません。わたくしの立場は，発生論的解釈が好まれるせいで，今ここで（here-and-now）の転移解釈がしばしば誤って軽視されているということ，そして徹底操作はまず現在における転移についてが先行されなければならない，と言いたいだけなのです。

わたくしが次に注目するのは，転移解釈についてのKlein学派の立場です。彼らの立場は，ここでのわたくしの立場と関連しています。というのは，彼らは他の立場の分析家よりも転移分析を強調するからです。しかし彼らは，現実の状況を強調せず，その結果，「深」すぎる解釈や，発生論的な解釈ばかりに焦点を当てることになります（そのことこそ，他の分析家が過剰反応し，転移を軽視するようになった理由なのではないかと思います）。

　最終章でわたくしは，Freudの転移へのアプローチを再検討します。歴史的な概観から始めます。最初からそうしていれば理解しやすかったのにと思われるかもしれません。しかしわたくしは，より以上にもっと理解できるものにします。わたくしはFreudが実際，実践において転移分析を軽んじた証拠を提示します。彼は確かに転移の発見者ですが，転移分析がそれ相当の位置を与えられるには，彼の遺産が今や他のものに取って代えられなければなりません。

　わたくしは本書を，精神分析における転移分析という観点から執筆しました。ここに記述している原則を，面接頻度の少ない，期間がより限定された，あるいは通常の分析可能と見なされる患者以上に重篤な患者たち，に適用できるのか，という疑問は生じるでしょう。わたくしは，こうした他の事態においても同じ原則を使用できるし，使用すべきだと信じています。この問題は他で論じています（Gill, 1979, 1982）ので，ここでは取り上げないつもりです。そうした作業を「精神療法」と呼ぶのは間違いです。なぜなら，その用語が意味しているのは，精神分析技法は用いられないか，修正された形式で用いられるかのどちらかであるということだからです。公然の「支持的」治療以外のあらゆる心理的治療法では，本書で記述している方法によって転移を分析しようとすべきだ，とわたくしは信じます。

第1章

転移の解釈とは

　転移は概念自体がいくぶん不明瞭です。もともと，Freudが促進する転移と妨害する転移とに区分けしたのに，多くの著者たちは妨害する転移だけを見ています。その他の人たちは，区分けに気づいていながらも，促進する転移の概念を，不適切で誤解を招くと見なしています。この混乱に加えて，転移に気づくこと（awareness）への抵抗の解釈と，転移解消（resolution）への抵抗の解釈とが，「転移解釈（interpretation of transference）」という1個の語句に圧縮されています。そして前者は，実践においてもっともしばしばなおざりにされており，文献の中でもほとんど注目されていません。そうした状況なので，わたくしは，転移に気づくことへの抵抗の解釈の例を，いくつか挙げることにします。

促進する転移と妨害する転移

　Freudは，観察者としての分析家の視座から，転移を論じ，分類しています。その視座から彼は，転移が現実の分析状況に適切な場合も不適切な場合もあると記しています。Freudは，適切な転移を，抵抗とはならない陽性転移（unobjectionable positive transference），不適切な転移を，転移抵抗（transference resistance）と呼んでいます。

　Freudにとって転移とは，個人の他との関わり方を意味しているのだ，ということをきちんと理解しえてない人々は，転移を，他との関わり方の意識下の基盤だと，不正確かつ狭く概念化してしまっています。Freud（1912a）ははっきり言っているのです。個人の他との関わり方の「印刷原版」は，「心的発達の全過程を経て形成され」，「現実に向けられ」，「意識されている人格」として活用される側面を含んでいるのだ，と（p.100）。こうした側面は，抵抗とはならない陽性転移を形成します。Freudが指しているのは，現在の感情ではな

く，それらの感情の過去からの基盤のことだ，ということをはっきりさせておくのが肝要です．それらの感情は意識されており，抵抗とはならないもので，現実に向けられているにもかかわらず，この転移は矢張り過去の体験に強く根ざしているのです．

技法についての諸論文で，Freudは，陽性転移と陰性転移とを区別し，さらに陽性転移を，友好的で親愛的な感情と，その無意識の性愛的な源泉とに分けています．Freudによれば，わたくしたちは転移を意識の光の下に持ち出して，完全に「取り除く（remove）」ことはしません．分析家にむける患者の認知からわたくしたちが切りわけるのは，患者の転移の陰性の要素と性愛的な要素なのです．「そのほかの，意識に容認され，抵抗とはならない要素は持続し，他の治療法においてそうであるのとまったく同じように，精神分析治療の成功の担い手である」(1912a, p.105)．

このようにFreudは，転移の中に，現在にとって不適切な，個人の「印刷原版」の抑圧されてきた要素の反復だけではなく，意識的で適切な要素をも含めています．この点はFreudの次の言葉に明らかです．「分析医にむけられた転移の特殊性……を理解するには，この転移が，**意識的**な期待感と，押さえ込まれてきた期待感，すなわち無意識な期待感によって，精妙に組み上げられていると考えておくとよい」(1912a, p.100)．

Freudが彼の転移概念に，個人の他との関わり方の意識的で適切な要素をも含めたことは，しばしば批判されてきました．たとえばLoewenstein (1969) は，Freudが「転移」という用語を，Loewensteinが「分析家と患者の自我の健康な部分との同盟」(p.586) から派生するとしているものにまで用いているのは適切でないと考えています．Loewensteinの意見では，Freudが「陽性転移」と呼ぶもの，それは患者の分析家への信頼感や期待を含んでいますが，は本来の転移（transference proper）から区別されるべきなのです．Sterba (1934)，Zetzel (1958)，そしてGreenson (1965) を引用して，Loewensteinは，患者の分析への協力意欲は，「用語の厳密な意味で，転移ではない」(p.586) と述べています．もっと前には，Hendrick (1939) が同様に，「『転移』を，『ラポール（rapport）』や『友好感』とあたかも同義のように使用する慣例は，全然正しくないし，混乱の元だ」(pp.194n-195n) と明言しています．Silverberg (1948) も同じ見解を表明しています．

Freudが，患者の他との関わり方の意識的な基盤と抑圧されている基盤との

両方に「転移」を使用していることを,「正しくないし,混乱の元」と考えるのと逆に,わたくしは,転移の意識的で,「抵抗とはならない」源泉を締め出すことの方が,Freudの転移概念の重大な破壊でありかつ分析過程における転移の主要な役割の重大な破壊だと考えるのです。Freudは実際,暗示(すなわち転移)の使用を精神分析の道具として進んで認めていましたが(1912a, p.106),しかし暗示の使用における,他の治療技法との違いを述べています。「暗示は(分析治療においては)患者に,一つの心的な作業——自分の転移抵抗を克服すること——を遂行させるために用いられる。その作業とは,患者の心的経済の恒久的変化を意味している……。こうして転移は,抵抗のためのもっとも有力な武器であることから,分析治療の最上の道具へと変化する」(1925, p.43)。ここでFreudは,転移と転移抵抗とを区別しているだけでなく,転移そのものの使用が,転移抵抗を克服する手助けになると記述しているのです。

「わたくしたちは,患者とのコミュニケーションをいつ開始すべきだろうか?」とFreudは問い(1913, p.139),そしてこう答えています。「患者との有効な転移が確立されるまで,すなわち患者と適切なラポール(**rapport**)ができるまでおこなってはならない」。分析家の人格へのこの愛着の形成が第一の目標で,それに必要なのは時間だけです。そう言いながらも,Freudは,分析家側のどのような活動も排除してはいません。「分析家が,(患者に)真剣な関心を示し,最初に表れてくる抵抗を注意深く取り除き,一定の誤りを避ければ,患者は自然とそうした愛着を形成し,自分がいつも愛情を注いでもらっていた人々のイマーゴ(imagos)と分析家とを結びつけるようになる」(pp.139-140)。さらに加えて,分析家が,なにか評価する姿勢をとったり,「何らかの対立する人々」の側に立ったりすると,「この最初の成功」を失うことがあると言っています(p.140)。

分析状況での分析家の行動の役割については,後に詳しく扱うつもりです。ここでは,Freudが,転移の性状が決定される際の,分析家の行動の果たす役割を重視してはいない,とだけ指摘しておきたいのです。たとえば,Freudはこう述べています。

> すべての分析治療において,医師の働きかけがないのに,患者と分析家との間に,現実状況からは説明のつかない強い情緒的関係が生じてくる。……この**転移**——短く

呼ぶと——は，すぐに患者の心の中で，治癒への願望に取って代わる……これが，催眠におけるラポールの担い手であり，催眠療法家が「被暗示性」と名づけたものと同じ力動的要因であるのは明らかである［1925, p.42］。

　被暗示性という用語でFreudが意味したのは，「知覚や推論によってではなく，エロス的な結合に基づく確信」（1921, p.128）です。彼は「被影響性」について語っているのです。Loewald（1960）が述べているように，「この意味での転移は，実質的には対象備給と同義である」（p.27）。まさに「転移神経症」という用語は，患者が肯定的な関係への能力を持つが故に影響を受けやすいという神経症，を記述するために用いられます。言い換えれば，Freudは抑圧された不適切な転移ではなく，意識されており抵抗とはならない陽性転移を指して，転移神経症と名づけたのです。この抵抗とはならない陽性転移は，Freudにとって明らかに過去によって大きく決定づけられている転移なのです。そのことを強調せんとして，Freudは，転移の性状を決定する上での，現在における分析家の行動の果たす役割について述べるのを控えめにしているのです。
　転移がしばしば現実の関係を「歪曲している」と定義されるのは，一つの認識の欠如を示しています。Freudが彼の転移概念に，意識されており抵抗とはならない陽性転移を含めたのは，不幸な過ちなどではなく，転移概念の統合形態なのだ，という認識への欠如を。Anna FreudとGreensonは二人ともこの誤りを犯しています。Anna Freudは転移を（逆転移も），「過去の無意識的な抑圧された対象関係が付け加えられることによって，現実の患者—分析家関係に生じる歪曲」と定義しています（1968, pp.95-96）。Greensonは次のように説明しています。「転移とは，現在のある人物にむけて，その人物には適合していない感情，欲動，態度，空想，防衛を体験することである。それらは，早期幼児期の重要な人物に関して生起した反応の反復であり，現在の人物像に無意識的に振り替えられたものだからである」（1967, p.171）。
　Fenichel（1938-1939）も同じ誤りを犯しています。彼は「合理的な転移（rational transference）」を記述しており，それはFreudの，抵抗とはならない陽性転移と同じものです。しかし彼はFreudの概念を誤解しています。彼は，Freudの抵抗とはならない陽性転移は，過去から重大な決定因を持ち越しているから非合理的なものに違いない，と考えたのです。この考えをもとに，Fenichelは，彼自身の「合理的な転移」という用語もそれ自体矛盾であると言

っています。なぜなら彼の意見では,転移という観念は,現在の状況の中に非現実的に過去を読み取ることを必然的に意味するからです。こうしてFenichelは,陽性転移はときに「長い分析期間の間には,抵抗を克服するための動機として,非常に歓迎されるものになることもある……しかし**転移である限り**,その衝動は幼児期の対象に所属しており,それ故,この同じ転移衝動が抵抗となり,転移と抵抗の真の関係を患者に提示しなければならない時期が必ず訪れるものである」と結論づけました(pp.27-28)。それとは対照的に,すでにこれまで見てきたように,Freud (1925) は,抵抗とはならない陽性転移は分析する必要がない,と明言しているのです。

Stone (1961) もまた,Freudの抵抗とはならない陽性転移に相当する「成熟した転移(mature transference)」を定義しました。しかしFenichelと違って,彼は,その転移を最終的に分析しなければならないとは主張していません。Stoneは,分析が十分に進展するためには,成熟した転移はある程度充足されなければならないと信じています。Stoneによれば,分析家の理解と「適切な情緒的態度とが,患者の『成熟した転移』努力にとって,中心的で本質的な『充足』となり,それがあるので,未成熟な転移の圧力にたいして,患者は耐えることができ,禁欲原則を肯定的に利用することさえできる」(p.80)。Stoneは,成熟した転移は,「自律的自我機能の一つとしての,洞察,それはErnst Kris (1956b) が記述した意味での,未成熟な転移や症状的機能とは反対のもの」を可能にする(p.93),と見なしています。Stoneが,成熟した転移は自律的な機能であるとは言っていなくて,その**基盤**だと言っている点に注意してください。

「成熟した転移」という言い方で,Stoneは明らかに,転移を,**過去**によって大きく決定づけられた態度,の意味で用いています。彼は成熟した転移を,「合理的ではない衝動,目下の治療目的への認識とは直接つながりがない,早期児童期の親から分析家へ(現在に適切な形で)振り替えられたものという意味で,真の『転移』である」と,明瞭に定義しています(1967, p.24)。

Stoneの,成熟した転移はある程度充足されなければならない,という見解は,Freudが患者との間に持った個人的関係に含ませたこと,ただし技法的介入という文脈においてなのですが,と同じことにすぎません。StoneもFreudも,成熟した転移の充足を,技法上の手段として意図的に用いる,とは言っていません。

抵抗とはならない陽性転移と他の転移との区別は，実際上は，分析過程を促進する転移か，分析過程に抵抗する転移かの区別です。しかし，Freudが，陽性転移は抵抗を克服するために用いられる，とあまりにしばしばほのめかしたために，誤解が生じ，陽性転移は分析作業の単なる前提条件にすぎないということが認識されなかったのです。すでに注目したように，Freudは，転移は「患者を一つの心的な作業の遂行へ誘う」(1925, p.42) ために用いられる，と述べています。遂行へ誘うのであって，遂行させるのではありません。この区別は偶然のものではありません。それは「転移の力動性について」(1912a) にも出ています。「患者が最終的に自律するように，私たちは暗示を用いて，彼に一つの心的作業を完遂するようし向けるが，それは必然的な結果として，彼の心的状態を恒久的に改善させるためである」(p.106)。そしてFreudは**精神分析入門**の中で，次のように指摘しています。「抵抗を克服する作業は，分析治療の本質的な作業である。患者はそれを成し遂げなければならず，医者の方は**教育**として作用する暗示を用いて，患者がそうできるように援助する」(1916-1917, p.451)。

「分析治療の開始について」(1913) の別の一節で，Freudは，促進する転移と抵抗としての転移とを，はっきり対照させています。このときは，前者を転移，後者を転移抵抗と呼んでいます。患者が分析家のコミュニケーションに耳を傾けるようになるのは，(陽性) 転移の故です。「しかしながら患者は，転移によってそうしてみようと思わせられた場合にのみ，指示を用いるにすぎない。それ故，強力な転移が確立されるまでは，わたくしたちは，最初のコミュニケーションを差し控えなければならない。さらに付け加えるなら，このことはその後のどのコミュニケーションにもあてはまる。どの場合でも，わたくしたちは，転移がそれに連なって生じる転移抵抗により障害されている状態，が取り除かれるまで待たなくてはならない」(p.144)。

Fenichel (1935) は，わたくしが促進する転移と妨害する転移とを区別したのと，同様の区別をおこない，前者を同様に「促進的な」と呼んでさえいます。彼は次のように述べています。「分析治療では……転移は (陽性で，親愛的な形態の，まずはじめに生じて，他の抵抗を克服するように促す転移は除いて)，基本的には抵抗であって，そうしたものとして認識され徹底操作されなければならない」(p.464)。しかしFenichelは，転移の促進的側面は治療のはじめにのみ，最初の治療動機として当てはまるだけだと述べています。

「抵抗とはならない陽性転移」という用語自体，Freud以降の文献では，ほとんど重要視されていません。おそらくそれは，Freudがその用語を言い回しの中で使っただけだったからです。わたくしはこの語を，促進する転移を表すのに採用します。というのはこの語を，Freudが転移抵抗と対比的に用いていることを示せるからです。この用語を，分析家への単なる現実的な態度の意味で用いたら，誤解を招くでしょう。なぜなら，陽性転移は現実と一致してはいますが，過去に強く根ざしているのであり，Freudが強調したのは，後者の意味だからです。

転移に気づくことへの抵抗と転移解消への抵抗

「転移の分析」あるいは「転移の解釈」のどちらの語句も用いられています。これらの語句の両方とも，抵抗によって押し隠されたもの，を表に出すことを意味しています。これらはともに，転移抵抗の分析の省略表現です。なぜなら，促進的な転移は，意識的で，抵抗とはならないもので，抵抗されることもないからです。またこれらの同義的な語句は，明確に分けられるべき2つの意味を圧縮したものでもあります。一つは，表面上は転移以外の何かについて語られている内容が，転移の密かなほのめかしだという解釈です。もう一つは，表だって治療関係を話題にしていて，その内容の重要な決定因が，現在の分析状況の内のみならず外にもある，すなわちFreudの言葉でいうと，「現実状況からは説明のつかない」(1925, p.42) 諸要因があるという意味で，まさしく転移であるという解釈です。

記述的なレベルでは，その区別は，関係に間接的または密かに言及していることを解釈するのと，関係に直接的または明白に言及しているのを解釈するのとの違い，として考えることもできます。しかし，分析家への直接的な言及が，転移の密かなほのめかしを隠していることもあります。たとえば，肯定的な表現が陰性転移の否認であったり，否定的な表現が陽性転移の否認であったりするようにです。さらに，分析家についての直接的な言及は，かならずしも転移抵抗の表現だとはかぎりません。なぜなら，それらが現実の状況にたいして実際に適切なときもあるからです。しかもそれらは，すべての行動がそうであるように，もちろん過去に根ざしています。他方，分析家についての間接的な言及は，もし分析家に関するある特定の考えを直接的に言えないために間接的に

なっているのなら，疑いなく転移抵抗です。

　どちらの転移解釈も，もちろんFreudの著作で例証されていますし，あらゆる分析家の持ち駒になっています。しかし，それらは十分明確に区別されてはいません。Freudが，「論争用団子入りの論理スープ」（1915, p.167）によってしか満足しないある女性の，性愛的な転移について論じたときに，彼は明らかに，分析家へ直接的に表現された態度が他からの向け替えである例，について語っています。またFreudは症例Dora（1905）の後書きで，分析家は小さな糸口から転移を推論しなければならないとし，自分は，DoraがK氏について語ったこと，の中に潜んでいたわたし自身へ向け替えられた感情を見落とし，その感情は最終的には，彼女を治療からの逃亡へと導いた，と説明しています。Freudはここで，転移への間接的な言及について語っているのです。Freudが症例Doraにおいて系統だった解釈に失敗したのは，分析家へのこの種の間接的なほのめかしについてなのです。このことは，Muslinとわたくし（1978）が強調しました。

　文献ではしばしば，両者の区別について言及されていますが，焦点が明確になっていませんし，転移解釈の2種について，明確な一致を見た用語がありません。たとえば，Wisdom（1956）は，「転移解釈」の名称が付されてきた，3つの異なる状況を挙げています。第一のタイプは，患者と分析家の特有の関係の明確化です。たとえば，分析家が怒って仕返しをするのではないか，と患者が恐れているような場合です。Wisdomはこれを「分析―状況解釈」，あるいは「患者―分析家解釈」と呼んでいます。解釈の第二の種類は，患者が現在の生活状況の中でさまざまな人々との間に持っている関係との類似を示そうとして，いくつかの連想を結びつけるものです。Wisdomはこれを「環境―解釈」と呼んでいます。最後が，患者の過去の幼児期における関係との類似を明らかにする解釈で，Wisdomの用語によれば「幼児期解釈」です。Wisdomが示すように，伝統的定義では，「転移解釈」とは，分析家が「3番目のものと1番目のものとを一緒に指摘すること，あるいはむしろ，3番目の関係性が1番目のものへと繰り越されていることを指摘すること」です。彼はまた，多くの分析家は転移解釈という用語を「2番目のものから1番目のものへの繰り越し（これは『今ここで』の解釈としても知られている）として用いている。彼らは通常，心の中では，幼児期の状況を思い浮かべているのだろうが」（pp.148-149）と記しています。

Wisdomが記述した3つのタイプでは，第一のタイプはわたくしが転移のほのめかしの解釈として区別したものに相当します。一方，第二と第三のタイプは，分析家に向けられた態度はまさしく転移である，という解釈に相当します。この場合，治療における患者の態度は「彼の周りにいるすべての人たち」に対する態度と同じである，と指摘したり，あるいは彼の幼児期における態度と同じである，と指摘します。Wisdomはこのことを，現在の外部状況と分析関係との類似（第二のタイプ），そして，過去の外部状況から分析関係への「繰り越し」（第三のタイプ）であると述べています。

しかし彼が提唱したこれらの名称は，文献上は一般的に受け入れられていません。治療における今ここでの関係についての解釈に言及した文献は，ときどき見受けますが，それは，Wisdomが現在の外部状況と治療関係との類似と呼ぶものよりも，わたくしが，転移のほのめかしの解釈と呼んだものを意味しているようです。Wisdomの第三のタイプは，しばしば，発生論的転移解釈と呼ばれています。

Freud自身はしばしば「転移」という用語を，過去から現在への繰り越しという意味で用いています。にもかかわらず，彼はこの用語を現在の分析状況だけに関しても用いています。彼は，ひとたび「治療が患者をすっかり支配してしまうと，患者の病気の新しい産出物はすべてある一点に，すなわち分析家との関係に集中するようになる……転移がこのような重要性を持つようになると，患者の記憶についての治療作業は背景に退く」（1916-1917, p.444），と説明しています。

Stone（1967）は，「転移解釈」という用語は，少なくとも現在の使用法では，「現在の転移態度の発生論的解釈，として用いられることはあまりない。むしろ，それは，分析家に対する患者の態度への，簡潔で直接的な意見を意味している。患者のその態度は，いまの瞬間に活動してはいるが，しかし無意識的な，あるいはたいていは前意識的なものである」（p.48）と考えています。ここでのStoneの区別は，Wisdomの第三と第一のタイプに相応します。Wisdomの第二のタイプ――分析状況と現時点の外部の状況への態度との類似の解釈――は具体的に論じられたことがあまりありません。それ故わたくしは，このタイプを，転移解釈のタイプの分類から外しました。

精神分析作業では，転移解釈の2種類を，用語上で区別しておくことが望ましいのです。どちらの解釈も必要であり，ひとつの流れをなしています。患者

に治療関係における彼の態度に気づかせるには，非常に多くの作業が必要ですし，その後ではじめて，患者に，そうした態度はまさしく転移である，と解釈できるデータを手に入れられるのです。というよりも，患者が転移に気づくようにならなければ，転移の解消に向けての作業は始められません。

以上のことからわたくしは，転移解釈の主要な2種類とは，2つの異なった抵抗の現れを扱うことだと考えるのが，特徴をもっともよくとらえうると思います。転移のほのめかしの解釈は，転移に気づくことへの抵抗の解釈であり，他方，患者の態度がまさしく転移であるという解釈は，転移解消への抵抗の解釈，あるいはStone（1973）のいう転移の「征圧」です。

ここでもう一つ別の区別も導入しなければなりません。わたくしは後に，転移解消への抵抗のいくつかの解釈は，現在の分析状況のデータだけを用いておこなわれることを強調するつもりですが，その際に，患者の態度は現実の分析状況に部分的に基づいてはいるものの，状況の特徴によって決定されているかどうかが曖昧であることを示します。このように，転移解消への抵抗の解釈には2つの方法があります。一つは今述べたばかりのもので，もう一つは，患者の態度と早期の「発生論的な」態度や体験との間の類似を比較することです。

本書でわたくしが用いる区別，の概要を次に示します。**転移解釈**に関してわたくしたちにわかってきたのは以下のことがらです。

1．転移に気づくことへの抵抗の解釈。たとえば，「あなたが奥さんについて語られたお話は，あなたが，わたしたちの間に生じているのを感じるけれど，口に出すのは気がすすまない，何か同じようなことがら，をほのめかしています」。

2．転移解消への抵抗の解釈。

（a）今ここでの転移に働きかける解釈です。たとえば，患者の特定の態度が，患者が主張するほど明らかに現実の分析状況の諸側面によって決定されている，とは言えないことを指摘します。たとえば，「あなたは，昨日お話になったわたしへの同性愛的願望の件でわたしが落ち着かないのだ，と思いこんでいます。そして，わたしがあなたと奥さんとの性的関係について尋ねたのが，その表れだと考えています。しかもあなたは，奥さんとの性関係のことを省略して話したのが，まるでわたくしに尋ねさせようと仕組んだみたいだ，と気がついています」。

（b）「発生論的転移解釈」，すなわち，転移の態度と過去とが類似している

という解釈です。たとえば，「あなたはわたしがいつもあなたに批判的だ，と思っていらっしゃいますが，それはお父さんがいつもあなたに批判的だと思っていらしたのとそっくりです」（これはWisdom（1956）とStone（1967）が用いた「発生論的転移解釈」と同じ定義です）。

上記3種類の解釈はどれも，転移そのものあるいは他の何かと結びついた転移，を含んでいます。**転移外解釈**にも2つのタイプがあります。これらは転移に言及しません（「転移」という名称は，患者と分析家との関係に限定して用います）。

1．「現時点の解釈」，すなわち，現時点での転移外状況だけに向けられた解釈です。たとえば，「あなたの奥さんがその話をなさったとき，あなたは嫉妬を感じたに違いないのです，もっとも，そのことにまったく気づいておられなかったようですが」。

2．「発生論的解釈」，すなわち，発達早期の転移外状況だけに言及する解釈です。たとえば，「あなたは，新しい赤ちゃんのせいでお母さんがもうあなたを愛してくれない，と感じたに違いないのです。」（これはフロイトが「再構成」と呼んでいる解釈です。もっとも彼は「再構成」という用語を，こうした限定された用い方だけでなく，かなり入念に作り上げられた筋書き，の意味でも用いています）。

例示

わたくしが提示したのが，きわめて明瞭な区別であることを裏づけるべく，ここで，転移に気づくことへの抵抗の解釈，の例をいくつか例示します。「発生論的な」解釈，それはその根が過去にあることを示して転移を解明するものですが，わたくしはそれよりも，転移に触れている可能性を明らかにする転移解釈，の種類を強調しようとしています。最初の2例は，週1回のセッションの録音記録から採用しました。

最初の例では，患者は，彼女自身精神療法家ですが，自分がおこなった激しい解釈のことを語りました。その解釈は，無気力状態に引きこもっている患者を奮起させようとしてなされたものでした。その後彼女は話題を変え，自分が性交でオーガズムに達し得ないという話を，躊躇いながら，曖昧な言い方で話しました。治療者は，貴女は自分が患者にしたように，もっと激しい解釈を治療者にしてほしいのだと解釈しました。転移に気づくことへの抵抗のこの解釈

は，彼女が解釈と性行為とを同等視しているさまを理解する道を開いています。

　2番目の例では，患者のあるセッションが中止になりました。彼は前もって電話で治療者と互いの都合の良い時間を設定していたのですが，その約束を失念してしまったのです。次の通常のセッション時間に，彼は妻とのやりとりについて語りました。それは妻が彼に理不尽な要求をして，それを力ずくで押しつけたというものでした。治療者は，治療者が彼に都合の悪い時間を押しつけた，と患者は感じていると解釈しました。患者はこの解釈を拒否して，埋め合わせのセッションを要求したのは自分の方だと言いました。そこで治療者は，患者の要求に応じるよう強制されたと治療者が感じた，と患者は思っているのだ，と解釈しました。最初の解釈では，治療者は妻の役割を演じていて，患者の役割は変わっていません。2番目の解釈では，患者は妻になり，治療者は患者になっています。後で再度検討しますが，最初の解釈は，転移における置き換えの解釈であり，2番目のものは，転移における同一化の解釈です (Lipton, 1977b参照)。最初の解釈では，患者は転移の内と外のどちらでも彼自身のままです。2番目の解釈では，妻との関係についての患者の連想は，転移の中で患者が妻の役割，治療者が患者の役割になっていることを匂わしている，と解釈されました。言い換えると，治療者が感じていると転移の中で患者が思った感情，が転移外の話題の中の自身の感情と同一視されているのです。どちらの解釈も，転移外の患者の体験の妥当性を疑っているわけではありません。解釈で意味されているのは，それら体験の連想，が転移に触れている部分を含んでいるというにすぎません。

　3番目の例は，最近発表されたIshak Ramzy (1974) の論文からの引用です。この論文には，一部，分析の逐語記録が含まれています。わたくしは，Ramzyを批判することになりますが，彼の解釈が分析治療の今日の現場で珍しいものであるとは考えていません。彼が自身を批判にさらしたのは，逐語記録を発表する勇気を持っていたからこそであると強調したいと思います。

　その患者は入って来るなり，Ramzyの説明によれば，寝椅子に横になり話し始めました。

　　　えー，ここに来る前に家に戻りました。家政婦に小切手を置いてくるのを忘れたからです。えーっと，彼女はいませんでした。それでここに来るために運転していると

きに，ちょっと心配になりました。彼女はかなり年輩なんです。たぶん50歳代の後半か60歳代の前半です。たぶん彼女は病気かなんかなんです。それでここに来る途中で，友人のところへ行くか電話して，彼女になにかあったのか見てきてもらう方がいいのじゃないか，って考えていました。そしたら急に次のことも考えつきました。「もし彼女が本当に病気で働けないとしたら，どうする？」って。そうなったらぞっとします。カンサスでは家政婦を見つけるのは，簡単ではないんです。特に，何をするのかこちらが言わなくても，自分でちゃんとやってくれるような家政婦を見つけるのは。それから私は考え始めました。「彼女を見つける前は，どうしてたんだっけ？」。彼女を見つける前に，もう一人別の人がいて，その人はカリフォルニアに移って行ったことを思い出します。えーっと，それからその人の前はどうだったのか，と？　えー，そんなことを考えていると，おかしなことに，カンサスにはじめて来て，そうした家政婦たちを雇う前のことを思い出しました。二，三カ月くらい本当に憂うつになりました，どこに住んでも，住まいがとても汚くなり，とても取り散らかってしまうので，ときどき私は本当に大量のエネルギーを注ぎ，完全に綺麗にするために，実際に丸1週間かけなければならなかったのです。それでここ何年もそうした事態にぶつかっていないので，実際どうだったのか思い出せないのです。まったく凄まじかったです。とにかく，何事もなければいいですが，そうでないと大変な人探しの仕事になります [p.546]。

Ramzyは，患者がそれから別の話題に移り，彼の学生たちの困難について詳細に話し続けたと記しています。その困難というのは，「彼の科目に対する彼らの勉強ぶり，彼らの能力や彼らの目的，大学院や学部レベルのことなど」についてのものです。この話が15分ほど続いた後で，分析家は介入しました。

　　あなたの先ほどの，ここに来る途中で思い浮かんだ家政婦のことと，その人を失うことが心配だ，というお話をお聞きしていてわたくしは，それは，来週の月曜日から始まる，わたくしの2週間の休暇が迫っていることに関連しているのではないか，と思います [p.546]。

その後，患者と分析家の間に論争が続きます。分析家は患者の抵抗に正面からぶつかって，何とか自分の解釈を正当化しようとします。この分析家の解釈は，転移について表だって語っていない連想に基づいておこなう転移解釈，の非常に良い例です。しかしわたくしがこの例を選んだのは，患者が話題を変えて学生たちの困難について話し始めた，というRamzyの記述に注意を向けて

もらうためでもあります。Ramzyが患者を家政婦についての考えに戻す前に15分間この話を続けさせ，学生についての患者の話に含まれていた可能性のある転移，について何も示唆しなかったのは，彼が，この明らさまな話題の変更にも転移が含まれている，ことに気づかなかったからではないかと思われます。もし彼が，学生についての話に含まれていたかもしれない転移を扱って，その結末と家政婦の話の結末とを結びつけていたら，彼は解釈を，患者にとってもっと意味のあるものにできたでしょう。少なくとも，家政婦についての解釈よりも，もっと患者が気づき易くなる転移解釈をしえたかもしれません。彼が学生についての連想の逐語材料を提示していないので，そこにどのような転移への示唆が含まれていたのかを示すことはできませんが，学生たちが直面している困難というのは，分析家に対する彼の困難か，彼に対する分析家の困難に触れてないこともなさそうです。

　この引用は，一般的におこなわれているとわたくしが思うやり方の一例です。分析家たちは疑いもなく頻繁に，転移について表だっては語っていない連想，に基づいて，転移に気づくことへの抵抗の解釈をおこなっていますが，彼らは単に散発的にそうした解釈をしがちです。というのは，彼らは，転移に気づくことへの抵抗の解釈，というこの原理の広範な適用性に気づいていないか，あるいは，いつでもできるかぎり転移解釈を最優先にするのが技法上，望ましいとは考えていないからです。

　注意深い観察者が逐語材料を吟味すれば必ず，転移に気づくことへの抵抗の解釈が可能だったのに見落とされてしまった場面，をいくつも見出すことができます。あとから考えたり，材料を繰り返し吟味する余裕があれば，セッションをおこなっている分析家は，自分が見落としたであろう多くのことについて，洞察を得ます。

　ちなみに，もし1回のセッションだけを抜き出して，その逐語記録を検討するとなると，すべてのセッションを熟知している当の分析家ならおこなえるはずの転移解釈，を見落とすことがあるでしょう。たとえばRamzyの事例で，もし分析家が解釈のなかでそう言わなかったら，彼が2週間不在にすることになっていることは知りようがありません。

　4番目の例は，録音されたセッションからのものです。これは，されてもよかったのにされなかった，転移に気づくことへの抵抗の妥当な解釈の例です。

　この断片は，患者の連想の一般に共通した順序というものの例を示していま

す。時間のはじめに，患者は分析関係について，いくつかバラバラに，短くなにか言います。その後，内容的にはなにも分析関係について語っていない話が続きます。注意深い分析家は，非転移風な連想の中に，はじめの表立った分析関係への言及の中に表れていたテーマ，が持続していることに気づくでしょうし，それによって，転移に触れている点について解釈できるでしょう。

　この回のセッションで，患者は，あることを話し合うために非常にこのセッションに来たかったのに，セッションが始まってしまったら，話すことをためらっていると語り始めます。その後彼女は，はじめはとてもしたかったのに，始まると続けたくなくなってしまった夫との性的エピソードについて語ります。さまざまなことが埋まっている連想群の中から，このようなむきだしの材料が引き出されていることから，分析関係についての表立った連想と，その後の夫との性的エピソードについての連想との間に，なんらかの関係があることは明白です。可能な解釈は，患者—分析家関係が性的な出会いと見なされている，だったでしょう。現実のセッションでは，この説明のようには，その順序が明らかではありません。この事例をできるだけ明瞭にするために，最初の数分の逐語記録をここに挙げます。

　「沈黙」えーと，いろいろなことが一度に急に思い浮かんでそれで，うーん，最初は私が，うーん，枕を置きなおしたときに，以前に私の髪がこうなったときのことを考えていました。[咳払い] 枕をそんなに上に置いたらたぶん落ちちゃうだろうと考えて，そうしたら今日あなたがそれにぶつかったのに気がつきました [分析家が座ったはずみで]。それで私は思いました，「ああ，もう落ちるとこだったんだ」。それで，うーん，えー，わからないけど，まず「そうしていたときと，前のときとでは，私の態度は同じなのかしら」と考えていたのだと思います。でもそれからすぐに，ベビーシッターのことを考えて，それで，うーん，彼女のことしか考えなかったのかどうかわからないけど，というのは，今日彼女は公園に来て私に会ったのですが，私は今日は時間通りに来たいと思ったのです。それで，うーん，私はかなり早くそこから離れました。えー，公園は家より遠いので，家から来るときよりも早く公園を出なければなりませんでした。でも，公園を出たらいいと考えていた時間よりも，もっと早く公園を出ました。行かなければならないと考えるだろうと思った時間に出たのです。それで，ええと，そのあと私は，彼女は会う度にいつも奇妙な感じだった，ということと結びつけて考え始めました。彼女は公園に来て私と会って，私の子どもの面倒を見ているのですが，うーん，わかりませんが，ただとても冷たくて，よそよそしいのです。今日もそうでした。でもそれから考えたんです，「もしそうじゃなかったら，彼

女はもっと素敵で幸せだったのに」。それで——前にも言ったかと思いますが——彼女がこの春どんなに不運だったか思い出し始めました。それから考えたのは、えー、彼女が戻ってくるのはこれが最後かしらということで、だって彼女は養護施設で夏の間、期限付きの仕事をしていたけど、それは臨時の仕事で、そう、その意味は、なにも変更がなければ、彼女は私たちのところに戻ってくるということだったのです。それで、わからないけれど、あなたの近くに引っ越そうかと考えたあとで、ベビーシッターのことを考えていたのです。彼女のことを考える前みたいです、うーん、彼女のことを考えていたのかどうか、まったくはっきりしないのですが［咳払い］、わかりませんが、逃げ出したいという考えの代わりに、何かのことを考えるということだったのかもしれません。あるいはもしそうなら、彼女は実際にともかくそのことに合っているし、というのは、彼女は女性だということと、私は彼女の相手をしなくちゃならないからです。そして彼女の名前も——私は前にもそのことをあれこれ考えたことを覚えています。そして別のことが思い浮かびました。それは、うーん、わかりませんが、それは、えーと、また、この感じがするのです、前にも時々ありました、ここに来て一昨日の続きを話したくてたまらないのに、いったんここにくると、あまり話したくない気がするのです。それで、あの、わかりませんが、今も、まるで本当にそうだと感じています。その気持ちをこれまでも感じてきたと思います。それで私は急に、うーん、昨夜のことを話したくなくなってしまって。昨日来客が帰って、彼らはちょうど良い時間に帰ったので、私たちは寝るのはそう遅くはなかったのですが、それで、夫はセックスをしたがりました。それは最初、私が昨日お話した一昨日の夜と同じような状況でした。でも、うーん、私は、彼がしようとしていることを知っているということを、もっと率直に受け入れましたし、たぶん夫はセックスについてもっと肯定的です。私はよくわかりませんでした。でもとにかく、私は、彼が私に言おうとしていることをもっと率直に認めたのは確かです。

この話は、彼女がクンニリングスでオーガズムに達し、彼は彼女の膣でオーガズムを得る、という説明へと続きます。その後、彼女は吐き気を感じ始めました。彼女は、たぶん自分がオーガズムを得たからだろうと言いました。そして続けます。

　　私はただ圧倒される感覚を感じました、それは昨日お話したことで、うーん、私が堪えられないと思ったのは、彼に私を刺激させることや、私が刺激されてて、うーん、やめてほしいと思って、でも一方で実際にはやめないでほしいと思っている、と感じることなのです。

逐語記録の追加描写は、夫との性的エピソードの話はその前の表立った転移

素材の密かな持続である，という解釈に容易に結びつけられます。枕を押し出し，そのため分析家が座ったときに彼のひざに当たった出来事を，彼女自ら，もしかすると分析家にもっと近づこうとしていたという意味ではないか，と解釈しています（それは，早く来たいという願いは性的な意味を持っている，という考えとも一致しています）。ベビーシッターと会って，彼女が冷たくてよそよそしくみえたということも同様に，患者か分析家のどちらかが冷たくてよそよそしいことを意味し，また性的接触への欲望とその欲望の禁止とを示唆している，と理解できます。

　このセッションで，分析家は転移解釈に失敗しています。セッションのその後の材料は，ここには提示しませんが，患者が性的な欲望とその禁止とを同時に感じた状況の取り扱いが続きます。ここでのわたくしの議論は，はじめの方の分析状況への表立った言及が，彼女自身と夫についての話題の中でも触れられていることを指摘する解釈をしたら良かったのに，ということなのです[1]。

　この種の例を挙げればきりがないでしょう。ここでは，Glover（1955）の技法書から一例を抜粋します。患者は以前に何度か分析を受けたことがありました。Gloverは，この女性が二人の召使を比べることから始まったあるセッションについて記載しています。一人は「元気で，無作法な，でもときどき役に立つ」，もう一人は「のろまで，不器用で，消極的な，でもとても忠実」(p.116) です。Gloverはこれを次のように理解します。

　　……無作法な女中は以前の分析家で，のろまな方は私である。彼女は，以前の分析家から与えられたさまざまな説明を，性的な誘惑だと考えて憤慨していた。けど，恐れながらも，彼女はそれらが気に入ってもいた。そのため，彼女は私を無能だとか無力だと非難しているのである。召使（servant）についてのテーマには，おそらく「サービス（service）」という言葉遊びと，隠された価値下げの意図とがある [pp.116-117]。

　その本の前の方で，Gloverは，この解釈の原則をもっと一般的に述べてい

1）読者が，このセッションでの転移解釈の失敗をこの分析の特徴だと考えてはいけないので，ここで示唆されたものと類似の解釈は，この分析治療の中で，同様の連想に基づいて何度もおこなわれたのだということを付け加えておきます。ここでの要点は，この分析治療の特徴を述べることではなく，わたくしが，転移に気づくことへの抵抗の解釈，と呼んでいることの例を示すことなのです。

ます。

　たとえば，自慰の問題について口ごもりながら話した後で，患者が，身近にいる権威的な人物の嫌な性格，不当な干渉や不公平な批判について詳しく話すならば，わたくしたちは，これらの反応をその直前の刺激と関係づけ，わたくしたちに対する敵対的な反応の防衛としての側面に言及し，この敵意を不安と結びつけることができる[p.34]。

　転移について表立っては言及していない患者の連想が，しばしば，隠された転移の意味を含んでいるということは，すべての分析家に承認されています。ある程度の期間のある分析素材の報告はどれも，他の誰かとの関係についての患者の説明を用いて，それは分析家との関係におけるなにかと密かに関連がある，という解釈をしている例を含んでいるものです。本書の中心となる要点の一つは，この現象がいかにいたるところに見られるか，分析家がいかに一貫してそれらをつきとめ，解釈すべきかということなのです。

第 2 章

転移と抵抗

　Freudはしばしば，精神分析は転移と抵抗の双方を中心に考えなければならない，と言っています。わたくしの強調点は本質として転移にあるとはいえ，転移と抵抗との関係を検討する必要があります。そのためにまず，文献でしばしば言及される3つの用語，「転移（transference）」，「抵抗（resistance）」，「防衛（defense）」の関係について吟味します。それから，防衛と抵抗を同一のものと見なす過ちを止めれば，あらゆる抵抗は転移を通して表出することになると提案します。

　転移と抵抗との関係は，文献上，概念的にも用語的にも非常に曖昧です。「転移に気づくことへの抵抗」と「転移解消への抵抗」というわたくしが前章で用いた用語は，普及してはいません。文献上最も一般に見られる表現は，「転移抵抗（transference resistance）」，「防衛転移（defense transference）」，「防衛の転移（transference of defense）」そして「転移に対する防衛（defense against transference）」です。

　さまざまな著者たちがこれらのさまざまな用語をどのように用いているか，を明らかにしようとして文献を調べてみると，明確になるどころかもっと混乱してしまいます。Tartakoff（1956）は，同じことを次のように述べています。「転移神経症に対する防衛と，転移の反復の結果として起こる抵抗とが明確に区別されていないために，学生たちはいつまでも混乱し，いくつかの異なった学派の著者たちの間には，不必要な論争が生じている」（p.322）。

　このように曖昧なので，わたくしはこれらの多様な用語が，転移に気づくことへの抵抗と転移解消への抵抗というわたくしがおこなった区別にどのように関係しているか，に焦点を当てます。わたくしの提案は，防衛に関連する3つの用語，すなわち「防衛転移」，「防衛の転移」，「転移に対する防衛」は転移に気づくことへの抵抗に含まれ，一方，「転移抵抗」は転移解消への抵抗をあらわす，というものです。これらの用語のなかで，Freudの著作で用いられてい

るのは「転移抵抗」だけです。その事実は本書の主要な主張と関連していると思います。すなわち，転移に気づくことへの抵抗は，フロイトの著作や実践でも，そして現代の精神分析でも重要視されてこなかったということです。

願望の転移と防衛の転移

　転移のどのような表出も，衝動と防衛の合成物を伴っていますが，自発的で顕在的な転移の表出は，衝動優位のものと考えられるでしょうし，対照的に密かな表出は，防衛的なものと考えられます。たしかに，願望の転移と防衛の転移の区別はもともと概念上のものです。患者側のどのような特定の態度も，原理上防衛をひとつの極，願望をもうひとつの極として表される連続線上のどこかに位置します。ですが大抵の場合，患者が分析関係について表立って語っていないなら，防衛の極が優位であると言っていいでしょうし，転移に身を置くことへの抵抗，すなわち転移に気づくことへの抵抗を見出すでしょう。他方，患者が分析関係について表立って語っているなら，願望の極が優位であり，この状況は転移解消への抵抗の一つだと説明することになりましょう。

　防衛の転移と願望の転移との対比は文献上に明らかです。防衛の転移はFreudの「転移の力動性について」(1912a) の中で言及されていますが，まだその名称は付けられていません。しかし，彼が転移を性的な表出と敵意の表出とに分けていることが，願望を強調していたことを証明しています。Racker (1968) は，Freudがこの論文で転移解消への抵抗，に焦点を当てたことと，「快感原則の彼岸」(1920a) のなかで転移に身を置くことへの抵抗，に焦点を当てたこととを対比して，この点を明瞭にしています (p.24)。

　ところがAnna Freudは「自我と防衛機制」(1936) の中で，防衛の転移を衝動の転移と対極的なものとしています。Glover (1955) も，願望の転移と防衛の転移とをはっきり区別しています。彼は，転移の表出は次の2つの観点から検討する必要があると考えています。すなわち (1) どのように「それらは幼児期の本能的な発達をわれわれに認識させ，再構成させうるか」，(2)「その転移─抵抗がそれらの衝動に対する幼児期の自我の防衛反応を，われわれに認識させ，再構成させうるか」(p.154) です。ここでFenichelの，「(イドの) そうした噴出の危機に対する，過去の不安が再動員されると，転移のなかに本能の反復だけではなく，それに対する防衛の反復をも生じさせる」(1938-1939,

p.71）という文言を思いださせます。

「防衛転移」，「防衛の転移」，「転移に対する防衛」の3つの表現は，防衛の段階の違いによって区別されるように思えます。もし転移が強力に抵抗されているのなら，その状況は転移に対する防衛という形をとるでしょう。そしてもし，転移が本質として防衛的なものだとしたら，その状況はおそらく防衛転移と記述されるでしょう。最後に，防衛が切り離された形で転移の中に出現しているなら，防衛の転移と記述されるでしょう。

Daniels（1969）は，初期段階での転移の種々の表れかたという文脈の中で，彼が「防衛転移」と呼ぶものを「転移に対する防衛」から区別しました。彼の「防衛転移」の定義は，わたくしの思うところの一般的な用法に沿っています。彼は「防衛転移」を，「より複雑でより脅威的である転移神経症を体験することに対する防衛，として分析の場へ持ち込まれた……性格適応の習慣化された様式」（p.1000）と見なしています。転移に対する防衛は，多くは「もともとは外界からの……ストレスの結果生じたものであり，緊急の必要性に関するものであり，単純な反応単位である」（p.1000）。その結果，転移に対する防衛は，分析家とのどのような関わりもまったく否認します。他方，防衛転移とは，ある種の新しい出会いを避ける目的を持つ，他者との関わり方の習慣的な様式です。後者のテーマについては，第5章で転移と転移神経症の区別を考察する際に再度立ち返ります。

Tartakoff（1956）が「種々の転移表出の発展を妨害するべく，防衛が果たす役割」（p.329）と言うとき，それはおそらくDanielsが防衛転移と呼んでいるものを指しているのです。わたくしが記述した，転移に気づくことへの抵抗，はもっと一般的な概念です。他との関わり方の習慣的な様式である転移表出，すなわち防衛転移に気づくことへの抵抗にも，転移神経症すなわちそれまでの分析作業の結果としてその分析家にたいして生じている非習慣的反応，の転移表出に気づくことへの抵抗にも，ともに適用できるのです。（こうした区別の仕方は文献にないかもしれません。というのは，他との関わり方の習慣的な様式の方が，転移神経症の表出よりも気づかれやすいからです）。

Tartakoffは「転移抵抗」およびそれと同義である「転移反復の結果としての抵抗」という言いまわしをしていますが，それはわたくしの「転移解消への抵抗」と同じです。ここでも，わたくしの用語の方がより全般的です。防衛の転移と願望の転移との，両方の転移の解消への抵抗のことを指しているからで

す。防衛の転移は, Tartakoffの「転移反復の結果としての抵抗」に一致します。しかし厳密に言えば, わたくしの観点からみて, 防衛転移は転移解消への抵抗でもあります。すると防衛の転移は転移に対する防衛であるという, 明らかに逆説的な公式化に到達します。言い換えると, 防衛の転移とは願望の転移に対する防衛だからです。

わたくしは「転移に身を置くことへの抵抗」という語句を, Danielsが「転移に対する防衛」と呼んだものに用います。その語句の方が, 当の事象をより明瞭に記述していると思われるからです。そこで, わたくしは転移と抵抗との関係を3つに分類します。それは, 転移に気づくことへの抵抗, 転移解消への抵抗, 転移に身を置くことへの抵抗, です。

抵抗と防衛

ここまで, 転移と抵抗との, また願望の転移と防衛の転移との関係について論じてきました。この領域での用語と概念の混乱の理由の一つは, 抵抗と防衛の関係が一般に不明瞭だったせいです。わたくしたちは通常, 抵抗は防衛ないし転移を通して表現される, と当然のように考えています。わたくしはこの前提には賛成しません。そこで抵抗は転移の中でのみ表現されうるということを論じたいと思います。Strachey (1934) はこれに非常に近いことを述べています。「しかし, 分析家との関係の中に生じるということは, もちろん, 抵抗の特徴のひとつである。したがって, 抵抗解釈はほとんど必然的に転移解釈になる」(p.36)。

しかしFreudはその立場に立っていません。彼は抵抗解釈（それ以上明記されていません）を優先し, 転移を扱う必要があるのは, 抵抗がそこに宿った場合だけであると考えています。たとえば, 彼は「快感原則の彼岸」(1920a, p.18) の中で, かつて主題は患者の抵抗にあった, と記しています。そして分析家は, 抵抗を発見して, それを患者に示し, 抵抗を放棄するように誘導する, と。(ここでFreudは特に「『転移』として作用する暗示」の役割を指摘しています)。しかしFreudは続けて次のように述べています。その方法は完璧に効果的であるというわけではなかった, 抑圧された素材のいくつかは思い出されず, 代わりに転移の中で行為として表出されるのである, と。その記述の意味は明らかに, 発掘されるべき抵抗が転移の中には表出されなかった, というこ

とのように思われます。

　Freudが抵抗を，転移の中でのみ表出されるとは見なしていないさらなる証拠は，手近なところにあります。「制止，症状，不安」（1926a）のなかで，転移抵抗は抵抗の5つの種類の一つに数えられているに過ぎません。他の4つはイド抵抗，自我抵抗（転移抵抗はそのサブカテゴリーになっています），超自我抵抗，そして「疾病利得」から派生した抵抗すなわち二次的疾病利得です（pp.159-160）。

　でもFreudは他の所で，抵抗は転移の中でのみ表出されるという考えに非常に近いことも述べています。

　　コンプレックスの材料の中にあるなにかが，分析医の人物に転移されるのにふさわしいものであるときに，転移が生じる。それは次なる連想を生み出し，そして抵抗の徴候——たとえば連想の停滞——によって，その存在を示す。こうした経験から推論されるのは，その転移観念は抵抗を満足させるので，可能性があったその他の連想よりも先に意識にのぼったということである。わたくしたちが病因的なコンプレックスに近づくと，何度でも繰り返し，転移の可能性のあるコンプレックスの一部がまず意識の前面に押し出され，最大の頑強さで防衛されるのである（1912a, pp.103-104）。

　抵抗は常に転移を通して表現される，という公式が成立するためには，Freudのその見解に2つの修正が必要です。一つは，次章で論じますが，「コンプレックス」のすべての側面が転移されうるし，転移の中に自らを表します。なぜなら偽装には制限がなく，どのような偽装も生じうるからです。二つ目は，転移観念は**意識**の中に表れる必要はないということです。ここでも転移観念が意識の中に表れるとき，意識されている転移外の連想，がそれをほのめかしているだけという形をとることもありうるということが，十分に強調されていません。Freudは1925年の自伝の中で，転移は「情熱的になってきたり，敵意に転換されたりするとき，抵抗の主要な武器となる」と書いています（p.42）。ここでもまたFreudは，少なくとも分析のある期間は，促進する転移だけが存在し，抵抗は転移以外のところで表現されると考えているようです。次章で検討しますが，その考えは，転移分析は神経症の分析にとって補助的なものであり，核ではないという治療過程モデルを示唆しています。

　わたくしが考えている抵抗の再概念化について論じる前に，技法に関する文献の中で，抵抗を第一に発見すべきである，という見解の重要なものをいくつ

か振り返っておくことが有益でしょう。抵抗は常に転移のなかで表現されるという考えはあることはあるのですが，Strachey（1934）を除いては，直接に述べられていません。

Wilhelm Reich（1933）は，抵抗は基本的に性格に宿ること，そして治療者の解釈はまずその抵抗に向けられるべきであることを主張して，精神分析技法の重要な一章を開きました。Reichの忠告にたいして，さまざまな適切な反論が起こりましたが，わたくしがしたであろう反論はなされませんでした。すなわち，Reichは性格を**精神内界**の用語によって，防衛として記述しており，その防衛は，転移において**対人関係的**に表現されるときに**のみ**解釈が有効である，ということに気づいていないことです。わたくしがここで提案する区別は，「防衛」は精神内界におけるものを意味し，「抵抗」は対人関係におけるものを意味するということです。言い換えると，性格防衛は転移の中において付随的な表現群をもたらします。それらが**抵抗**で，わたくしの意見としては，解釈において最優先されるべきものなのです。

「精神分析技法論について」（1935）という論文のなかで，Fenichelは，解釈において何を優先すべきかについていくつかの公式を提示し，ときおりReichの提案した技法を批判しています。彼は，自分の諸公式は同じことを言い方を変えて言っているのだと述べています。すなわち，情動は表層にあり，抵抗と相携えているということです。Reichの見解を引用しつつ，Fenichelは，分析家は情動を「性格類型学的行動」（p.452）の中に探すべきであるということに同意を示しています。彼はReichの，性格の表出は抵抗であるという見解にも，性格の中のこうした「凍りついた抵抗」に優先権が与えられるべきであるという見解にも反論していません。にもかかわらず，彼は，第一に患者についてできるだけ多くの情報を集めなければならない，なぜなら「**情報**があればあるほど，抵抗との実際の戦いに入っていくうえで十分な武装となる」からだと信じています（p.454）。

しかし，Anna Freud（1936）はReichの提案を，凍りついた性格抵抗には情動はない，というまさにその理由で非難しています。彼女は，Reichは不適切な場所で防衛と取り組んでいる，と論じています。その場所というのは，過去の防衛的行動の残余物が「元の状況から引き離されて」，特定の性格傾向として固着した地点です。かわりに，戦いは，「自我や本能と情動との間の，現在の葛藤」の在る地点でおこなわれるべきなのです（p.33）。しかし彼女は，

その「現在の葛藤」は転移の内部で扱うべきなのか，外部で扱うべきなのかについて特に言及してはいませんし，そのせいで，これらの性格特性を抵抗と呼ぶのが適当かどうかについて表だって問題にし得ていません。(それらを**防衛的**と言ってはいますが)。

Kaiser (1934) の見解は Anna Freud のものと同様です。彼は現象学的観点から，転移抵抗と性格抵抗とを区別しました。その際，非人格的な様相や「情動的活力」(p.398) の欠如を強調しました。しかし彼もまた，「抵抗」という名称をテーマにしてはいません。

Sterba (1953) は，Reich が転移と抵抗を密かに同等視していることにたいして，明らかに不信感を抱いていますが，これは性格特性を「抵抗」と呼ぶことの適切さを問題にしているからではありません。Sterba の異議はむしろ，Reich が治療のまさに開始からすべての陽性転移の表れを疑う，その姿勢に向けられています (p.5)。

Reich への批判のなかで，Fenichel は，転移解釈が優先されるべきである，とあるところで述べています。その結論は Reich の「装甲板を打ち砕く」という攻撃的な方法への反論の延長です。Reich のその方法には Sterba も異議を唱えています。Fenichel は次のように指摘しています。「性格抵抗の一貫した徹底操作が唯一の正しい手段だという確信は，そうした分析治療の体験自体が患者に**転移抵抗**を起こさせる，ということを見落とさせるだろう。その抵抗は当然，『性格抵抗』よりもより表面的であり，最初に扱われなければならなくなろう」(1935, p.456)。このとき Fenichel は，抵抗は進行中の相互作用の中の，つまり転移の中のなにかを意味している，という認識に近づいています。これはわたくしがまえがきで示唆したことを思い起こさせます。すなわち，患者が転移解釈を攻撃として体験していることに気づいたなら，その体験を優先的に解釈するということです。

Glover (1955) は Fenichel よりもいくぶん先に進んでいます。彼は，少なくとも妄想性性格の症例においては，性格の**転移の中での**反応を解釈するように薦めています。Glover は，妄想性性格の3つの主な性格反応を「猜疑，接触への敏感さ，防衛的攻撃性」と名づけ，第一に猜疑に注意を払わなければならないと論じています。またここで，Glover は「**第1回のセッションから**，転移的側面は，患者の治療への反応をちょっとした間接的な形で表明させるようにして，取り上げなければならない」と付け加えています (p.252)。ここで言

われていることは，防衛転移と呼ばれているものについてのようです。この文脈でのGloverの見解は，次のような原則に一般化してよさそうです。すなわち，患者の習慣的な関係様式は優先的に解釈されなければならない，たとえそれらが転移の中で顕在化されたのではなく，ほのめかされただけだとしても，である。そしてその際には，患者の解釈に耐えうる能力を十分に考慮し，推測しなければならない。

　わたくしのReichへの批判は，次のようにまとめられます。すなわち，性格は転移の中でそれと確認できる場合にのみ，その表出された外見や表出された情動として取り扱える，ということを彼が認識していないことです。彼はまた分析家のおこなう転移解釈が転移に与える影響も見過ごしています。さらに彼は，促進する転移と抵抗として用いられる転移との違いにも気づいていません。そうせずに，すべての転移をひたすら抵抗として扱っています。

　ここでKaiser（1934）が，内容解釈ではなく抵抗解釈だけをおこなうべきである，とまで主張していることに触れなければなりません。彼の見解から派生するのは，抵抗の標的となっていた衝動を患者がなんとか行動化しないですんだら，抵抗解釈が効果的であったと認められる，という見地です。Kaiserの見解を批判するなかで，Fenichel（1935）は再び，抵抗は転移においてのみ表現されるという認識に近づいています。彼は次のように論じています。以前に抑圧された衝動は「現実に存在するとして（そして，『転移』におけるときと同様に，今のこの場には不適切だとして）**体験**されなければならないが，だからといって，それは行動化の理由づけにはならない」（p.461）。

　引用した著者たちは，解釈の優先権をどこに置くかについて，情動が存在するところ，現在の葛藤，性格，抵抗，とさまざまに述べています。転移は，そこに抵抗が存在している場合にのみ優先権があるとされています。わたくしがすでに示唆したように，そこには，転移抵抗以外にも抵抗がある，という推定があるのです。わたくしが賛成しない結論がこれなのです。わたくしの考えでは，ここには抵抗と防衛の概念の混乱があります。わたくしは，防衛は精神内界の概念であり，一方抵抗は対人関係的な概念だと主張したいのです。そう考えれば，抵抗を転移の中で，すなわち，精神内界の構造が分析状況において具現される場，においてのみ表現されうるものと見なすことが論理的となるのです。

　精神内界の概念としての防衛と，分析状況における対人関係的な表出である

抵抗との混同は，Freudから始まっています。そのことは，Freud（1926a）が抵抗の源泉としての自我と，その結末としての3つの抵抗表出との関係を，別々の異なった力動と結び付けたやり方，を検討することで明確になります。Freudが名づけた自我抵抗の1番目は「**抑圧抵抗**」（p.160）[1]です。それから彼は「**転移抵抗**」の説明へと進みます。彼はこれを，本質としては同じものなのだが，「分析において異なった，より明確な作用を示す。なぜなら，それは分析状況や分析家その人との関係を作りだし，それによってただ想起されるにすぎないはずの抑圧を再び生き生きとさせる点である」（p.160）と見なしています。この説明が意味しているのは，転移抵抗は分析状況との関係の中で表現されるが，抑圧抵抗は想起との関係の中でしか表現されないということです。抑圧抵抗は，分析状況や分析家自身との関係を作り出しはしないし，抑圧を再度生き生きとさせもしないのです。すなわち観念においても行動においても，転移の中での現在の表出を見出せないのです。これに対しわたくしの主張では，そこに抵抗があると言うことは，抵抗が抵抗としての表出を見出していると言うことなのです。

　Freudが抵抗の概念化において，精神内界の概念と対人関係の概念とを混同していたことは，残りの抵抗の取り上げ方でさらに明らかです。すなわち二次的疾病利得という自我抵抗と，イド抵抗と超自我抵抗がそれです。ここでFreudが記述しているのは，抵抗のさまざまな**源泉**なのであり，分析状況での抵抗の実際の表出ではない，とわたくしは思います。そのため，彼が抵抗の種類の中に転移抵抗を含めるのは誤解を招きます。なぜなら転移は抵抗の源泉ではなく，抵抗表現の伝達手段だからです。

　Freudの抵抗の分類を検討して，Fenichel（1938-1939）は，イド抵抗を除くすべての抵抗は本質的に自我抵抗であると結論づけています。そしてそのイドは自我を通してのみ影響をうけるのだと論じています（pp.33-34, 82-83）。

　しかしわたくしの修正はこれよりさらに根本的です。わたくしの主張は，抵抗の概念は，対人関係的な分析の場の相互作用との関連で生じることに限定すべきである，というものです。その結論はStone（1973）の公式の趣旨と一致しています。彼は「治療過程における，実行可能で，科学的な，そして有効な

1）数頁後で，Freudは抑圧を数種の防衛の一つと見なす以前の考え，に戻ることを提案しています。彼がもしその分類を維持していたなら，彼はここで抑圧抵抗よりもむしろ防衛抵抗について語っていたことでしょう。

抵抗概念を確立することが何よりも重要である。抵抗は新たな対人関係の文脈の中で再活性化された精神内界の葛藤，の表出と見なされるはずである」と強調しています（p.43）。

がStoneは，Freudが抵抗を「**分析作業の進行を妨害するものすべて**」(1900, p.517)[2]とした広い定義に従っています。Freud自身が後の脚注で説明しているように，外部からの妨害がいかに扱われるか，が抵抗によって決定される限りは，外部からの妨害さえも抵抗の定義に含まれます。同じくStone (1973, p.46) は，どのような精神的な機能も防衛的な目的に使われうるし，「**そしてその故に，分析の場に抵抗の現象を引き起こす**」(1955, p.57) というGloverの議論に賛成しています。わたくしの指摘は，これらの意見は抵抗の起源について論じているのであって，その表出についてではないことを明らかにしているのです。

抵抗は，転移においてだけでなく，他のいろいろな方法でも表出されうる，というFreudの見解は，後期の著作のひとつである「終わりある分析と終わりなき分析」(1937a) で明瞭に述べられています。Freudは，男性の同性愛への過剰代償としての反逆に類似した転移は，女性のペニス願望からは起こり得ない，という考えを述べながら，そのことはまた，抵抗がとる表出形というものは，転移であろうとなかろうと重要ではないことも示している，と付け加えています。彼にとって重要なのは，「抵抗はどのような変化が起きることも妨げる」なのです（p.252）。

しかしながら，Freudの最初期の抵抗の説明は，抵抗を対人関係的な治療の場にしっかりと限定しています。「ヒステリー研究」(Breuer and Freud, 1893-1895) で，彼は，患者に強要すると，新しい回想が浮かび上がってくる，という発見について書いています。彼の側にそうした努力が必要であることから，彼は，自分が打ち勝たなければならないものは抵抗ではないか，と推測しました。「**私は自分の心的な努力によって，患者の中にある，病原性の観念の意識化（回想）に抵抗する心的な力に打ち克たなければならない**」(p.268)。患者の注意を，明らかに患者の自我と相容れない観念に集中させようとして，Freudは「**抵抗**という形の中に，症状が発生するときに排除［すぐ前では『防

---

[2] その考えは，Freudの「患者の『抵抗』とは，回復の作業に対抗するすべての力」という命名に繰り返されています (1926b, p.223)。

衛』と呼ばれていた］という形で現れていたものと同じ力」（p.269）を認めています。つまり抵抗は，防衛の対人関係的な表出なのです。

　「転移がそれほどまでにすぐれて抵抗の手段に適しているというのは，どのような事情に由来するのだろうか」とFreudは自問しています（1912a, p.104）。それほどすぐれて適しているから，抵抗の分析の実際は転移の分析にほかならないのだ，とわたくしなら付け加えるでしょう。しかし，Freudが答えとして提出したものは，かならずしも明白に認識されているとは言えません。なぜなら，彼の最初の返答は，促進する転移と妨害する転移とを区別するという主要な問題からいくぶんずれているからです。彼は，転移は「それが陰性転移か，あるいは抑圧されている性愛的な衝動の陽性転移である場合に限って，治療への抵抗となる」（1912a, p.105）と主張しています。ここで，彼は抵抗とはならない陽性転移を，分析治療の「成功の担い手」となる意識的な愛着として切りわけているのです（18頁参照）。

　自問に対するFreudの直接的な返答は，実際にはその論文の最後に現れます。これが実際に彼の返答であることを示すために，その論文から少し長めに引用しましょう。Freudは次のように始めています。「しかし，われわれはあれこれと熟考してきたが，ここまでは転移現象の一面を扱ってきたにすぎない。われわれはその同じ問題の他の側面に注意を転じなければならない」（p.107）。続けて彼は，転移抵抗の統治下にいる患者が，いかに現実状況を無視するか記述しています[3]。その印象を説明しようとして，Freudは，転移抵抗の諸要素は「治療によって患者が置かれるようになった心理的状況が再燃させているのだ」（p.107）と述べています。

　　無意識の衝動は，治療が望んでいる道筋，で想起されることを望んでいなくて，無意識の無時間性と幻覚能力に沿って，自らを再燃しようと努めるのである。夢におけると同様に，患者は，彼の無意識の衝動が目を醒まして生じた結末を，現在の現実のことであると見なすのである。患者は，現実の状況を考慮しようとせず，自らの情熱を行動に移そうとする。［先の（注3）にあるように，わたくしには異論があります］。医者は患者を強制して，これらの感情的衝動を，治療との関連や彼の成育史との関連の中に導き入れて，それらを知的活動に屈服させ，それらを精神的価値の側面

---

[3] 後の章で，患者は現実状況を無視しているのではなく，できうるかぎりもっともらしく考想していると言う点について論じるつもりです。ですから，その点を分析家は解釈する上で認識しておく必要があります。

から理解させようとする [p.108]。

　患者は彼の衝動を，分析家との対人関係的な相互作用の中で行動に移そうとするので，抵抗は対人関係的に，つまり転移の中で表現されます。
　Bordin（1974）もその点を指摘しています。彼は，「**抵抗の決定的な解釈のほとんどは，同時に転移解釈でもある**」，なぜなら，葛藤を伴った願望は早期の親対象を中心としたものであるから，と明言しています。続けて，「**さらに，防衛様式はその対人関係の文脈に基づいているために，性状として対人関係的であり，ほとんどの抵抗が転移の形を取るような状況を作り出す**」（p.11）と述べています。
　わたくしはさらに進んで，次のように言いたいのです。ほとんどではなく，**すべての抵抗解釈は転移解釈だ**と。抵抗の解釈として今日なされている多くの解釈は，実際には防衛の解釈です。つまり，それらの解釈は精神内界的であって，対人関係論的な解釈ではありません。すべての抵抗解釈は対人関係的な解釈であるという認識は，そう認めると，自分が人間心理に関して精神内界的観点よりも対人関係的観点に立っていると表明してしまうことになるのではないか，という恐れによって曖昧にされてきました。しかし，こうした二分法に追い込まれる必要はないのです。精神内界の葛藤が，分析状況において対人関係的に表出されるのです。そのような認識を持つからといって，発達はただ対人関係の因子だけで決定されるという見解を信奉することにはなりません。生物学的な遺伝は，心理的表象の中に，独立因子として発達に組み込まれています。そして，遺伝と環境因子との相互作用の最終的な結果が，精神内界を構成し，それが，他者との相互作用において対人関係的に表出されるのです。

第3章

転移解釈は治療の中心

Freudの視座

　転移分析は分析技法の核であり，同時にもっとも困難な局面です。この点は精神分析家の間で当然のことと考えられているので，立証する必要はないでしょう。Freud自身，この考えを明確に述べています。「［転移の］操作は，いまだに分析技法のもっとも重要な，そしてもっとも困難な部分である」（1925, p.43）。他の所でも彼は，分析技法にとってもっとも技術を要求されるのは，分析家が「患者に，自分は愛に墜ちているのではなく，ただ過去の一幕を再演せずにはいられないだけだ，と納得させ」（1926b, p.227）なければならない時である，と説明しています。この時点で，きわめて重大な過ちと「もっとも大きな成功」とが生じる，とFreudは述べています。「転移を抑制したり無視したりすることによってこの困難を避けようとするのは愚行である。その治療の中で他にどのようなことがなされようとも，分析治療の名に値しない」(p.227)。

　BergmannとHartman（1976）が，彼らの編集した分析技法の論文集の中で指摘しているように，「観察し解釈を提供する者という分析家モデル，を好む分析家もいれば，関わりあい自体から学ぶものをより重視する分析家もいる」(p.5)。この著者たちは，Freud（1914）が「本来の神経症を転移神経症に移し変える可能性」に関心を持っていたと記す一方で，Freudが提示しているのは前者のモデルだと考えています。わたくしはFreudの**実践**については，この指摘は正しいと思いますし，第10章でその証拠を明らかにします。しかしここでは，技法**理論**についての論文では，Freudが2つのモデルをあちらこちらで提案していることを示したいと思います。

　少し異なった角度からこれらのモデルを明確にすると，前者のモデルでは，

転移は本質として記憶の回復への抵抗であり，治療の成果は本質としてこれらの記憶の回復によってもたらされる，とするものです。もう一つのモデルでは，転移は本質として，欲求を実現しようとする患者のあがきの結果であり，治療の成果は本質的には，転移の中でこれらの欲求を再体験して，これらの欲求は患者の内部に前もって存在していたものによって確かに決定されていることを理解し，そして今この欲求が向けられている分析家とともに，欲求を吟味し，新しい何かを体験することによってもたらされる，というものです。

　最初のモデルについての，フロイトの言明の実例を提示することから始めますが，そこでは，転移は本質的に記憶の回復への抵抗として理解されており，分析治療の目的はこれらの記憶を回復することです。このモデルでは，発生論的な素材そのものの探求と発生論的な転移解釈とが強調されます。Freudは「想起，反復，徹底操作」(1914) の中で，それまでの分析技法を概観し，解釈技術とは主として患者の心の表層をなしている抵抗を認識することである，と結論づけたあと，「もちろん，このように技法が種々あるが，その目的は同一のままである。記述的に言えば，記憶の隙間を埋めることであり，力動的に言えば，抑圧からの抵抗に打ち克つことである」(pp.147-148) と書いています。同じ論文の後の方で，彼は「患者は自らが病んでいる状態を現実的なもの，現在のものとして体験していながらも，二人でその病気にたいする治療作業をしなければならない，それは主にその病気の過去にさかのぼることである」(p.152) と繰り返しています。

　Freudが，記憶の隙間を埋めることを分析過程の中心と見なし続けていたことは，主に技法について書かれた数少ない後期の論文のひとつである「分析技法における構成の仕事」(1937b) に見られます。その論文においてさえなお，彼は自身の臨床経験に誠実であり，患者が分析家のおこなった再構成を正しいと確信しているにもかかわらず，「何度となく私たちは，患者に抑圧されてきたものを思い出させることができなかった」(p.265) と認めているのです。

　ここでFreudが単に，過去の復活が治療効果を持っている，と言っているとはとても思えません。それだと治療のカタルシス理論を言い直したものにすぎません。カタルシス理論によると，治療効果は抑圧された記憶と結びついている「閉じこめられた情動」を発散させることによって生じるのです。むしろ彼は，記憶の回復は転移解消に重要な役割を果たしている，と言っているに違いありません。なぜなら記憶の復活は，転移の表れ方を説明するからです。言い

換えれば，過去の復活とは，発生論的な転移解釈の簡略表現であり，そしておそらく，治療主力そのものというよりは，転移が首尾よく解消されたというサインだからです。

　Freudは過去の想起の重要性を強調しますが，それは分析の場自体に生じる他の作業，の強調によってバランスが取られています。ここで，そうした言明をいくつか見てみます。たとえば彼は，抵抗が適切に処理されると，過去の記憶は比較的容易に得られる，と述べています。このことは，「想起，反復，徹底操作」(1914) の中で2度も述べられています。最初は，抵抗が「克服されてしまうと，患者はしばしば，忘れられていた状況や関連性をなんの困難もなく話すようになる」(p.147) と述べられています。2度目は，彼は「転移の中で示される反復行為から，記憶の覚醒に通じる周知の道をわれわれは辿るわけだが，それは抵抗が克服された後では，まるでなんの困難もないかのようである」(pp.154-155) とコメントしています。そしてまた，「転移性恋愛について」(1915) において，彼は，患者が自分の恋情の詳細な特徴に気づくようになったなら，「彼女は自ら，自分の恋愛の幼児的根源への道を開くだろう」(p.166) と記述しています。

　Freudが転移における体験を強調していることが明らかな別の一節は，「**精神分析入門**」における転移についての講義の中に見られ，ここで再述する価値があります。Freudは次のように説明しています。いったん治療が支配すると，患者の病気は「ある一点に，すなわち分析家との関係に」集中するようになり，「……転移がこのような重要性を持つようになると，患者の記憶についての治療作業は背景に退く。そうなると，私たちはもはや患者の以前の病気とは関わらなくなり，それに取って代わって新しくつくり上げられ，つくり替えられた神経症と関わるようになる，といっても間違いではない」(1916-1917, p.444)。同じ論文の後の方で，彼は，関連した記憶が回復しても，抑圧過程は部分的にしか改訂されない，と述べています。「決定的な」作業は，とFreudは述べています，転移の中に「昔の葛藤の新版」を作り上げることによって生じるのです。このようにして，「転移は，互いに戦い合うすべての力がそこで必ず出会うことになる戦場となる」(p.454) のです。

　記憶の強調と衝動の強調との間で揺れ動くのが，ほとんど最初からFreudの仕事の特徴でした (Rapaport, 1958) が，それがこのテーマでも見られるのでしょう。わたくしはすでに，精神分析過程の目的は記憶の間隙を埋めることで

ある，という彼の考え（1914）を引用しました。しかし同じ論文で彼は次のようにも述べています。「抵抗が最大に達したときにのみ，分析家は通常患者との共同作業によって，抵抗の源泉となっている抑圧された本能衝動，を発見できるのである。患者にそうした衝動の存在と力とを納得させるのは，この種の体験である」(p.155)。

実際，この一節は転移抵抗が何にたいして抵抗しているのかを明らかにしています。この強調は，転移は記憶想起への抵抗である，とFreudがときおり述べている視座とは異なっています。むしろ，（先に検討したように）なぜ転移がそれほどみごとに抵抗に奉仕するのに向いているのか，についてのFreudの説明と一致しています。ここでわかるのは，患者の衝動は現時点での上演（enactment）を求め続けているからだ，ということです。そして，抵抗とは，そうした衝動満足のもくろみを断念することです。Freudの偉大な功績の一つは，個人の幼児体験がどのようなものであれ，人が自分の体験を解釈するうえで，その人自身の願望が重要な役割を果たしている，のを明らかにした点です。治療者が過去の記憶を重視すると，過去の出来事自体が重視され，患者の願望がいかにそれらの出来事を構成するのか，には置かれなくなるおそれがあります。たとえ願望が重視されても，再構成は今ここ性を欠いてしまい，転移の中でそれらの願望を体験することを介して得られる願望の性質，についての明確な認識を欠いてしまいます。

Freudの2つの異なった態度は，彼が転移について述べている2つの非常に異なった記述にも現れています。同じ論文（1912a）の中で，彼は転移について，一方では「治療に対する**もっとも強力な抵抗**」(p.101)と述べ，他方では「患者の……衝動を今ここのものとし，顕在化させるのである。結局のところ，**実際には存在しないもの，ただ影でしかないもの**，を破壊することはできないからである」(p.108)と述べています。

さらに，これら2種の視座は，分析治療の段階についての2つの記述，に際立って見られます。Freudは次のように書いています。「第1段階では，リビドーはすべて症状から転移の中に押しやられ，そこで集結させられる。第2段階では，この新しい対象をめぐって戦いがおこなわれ，リビドーはその対象から自由になる」(1916-1917, p.455)。二，三年後（1920b），彼は次のように述べています。分析家は患者に「分析治療によって明らかにされた材料，を基にして再構成された病気の原因」を説明することからはじめます。次の段階で，

患者は抑圧された過去をできるかぎり想起し，そして「残りを，まるで再体験してるかのように反復」(p.152) しようとするのです。

ここで，神経症の分析治療へと至る道，としての転移分析のモデルとして，Freudの著作において一部明確に，一部には密かに作られているいくつかの点を選び出して，説明しようと思います。Freudは次のことを示しています。（１）抵抗は本質として反復によって表出される。（２）反復は分析の場の内と外の両方で生じるが，分析家は基本的に，反復を分析の場の内で取り扱おうとする。（３）反復は運動領域（行動を通して）のみならず，精神的な領域にも生じうる。（４）精神的な領域とは想起だけに限定されるのではなく，現在をも含む。

Freudが抵抗の目的は想起を妨害することである，と強調したせいで，抵抗は本質として，（わたくしはまさにそう言いたいのですが），分析の場の内であれ外であれ，反復として現れる，という彼の視点が曖昧になっているようです。「抵抗が大きくなればなるほど，行動化（反復）がますます広範に想起に取って代わるようになる」(1914, p.151) と彼は述べています。同様に，「転移の力動性について」(1912a) において，Freudは，転移がそれほどみごとに抵抗に奉仕するのに適している主な理由は，「無意識的な衝動は想起されることを望んではいない……そうせずに自らを再創造しようとするのである」(p.108) と主張しています。彼は転移を，反復であるのだから，本質として抵抗であると見なしています。

ここで，この点を転移と抵抗の関係から，もう１度述べてみたいと思います。わたくしは，抵抗は反復として，すなわち，分析の場の内と外の両方における転移に現れる，とたった今述べました。すなわち転移の取り扱いは，抵抗の取り扱いと同義だということです。Freudが分析の場の内における転移をあまりに強調したせいで，転移は分析の場の内における反復だけを意味するようになってきました。概念上からは，分析の場の外における反復もまた転移なのですが。あるところでFreud自身，転移をこの後者の意味で用いています。「われわれは，転移自体，反復の一部にすぎず，反復は，分析家にたいしてだけではなく，現在の状況の他のすべての側面にたいしての，忘れ去られていた過去の転移である，ということにすぐに気づく。われわれは……反復強迫が今や想起の衝動の代わりになり，分析医にたいする個人的態度にだけではなく，その時の彼の生活を占めている，その他のあらゆる活動や関係，においても生じるこ

とに気づく」(1914, p.151)。

　Freudが分析の場の内における反復の拡大は，それが分析の場の外における反復と連関してもしなくても，反復のコントロールへ至る道であると考えていたことを理解しておくことが重要です。彼は次のように述べています。「患者の反復強迫を制御し，それを想起へと動機づける……中心的な方法は，転移の操作の中にある。われわれは反復を無害なものに，それどころか有用なものにするのだが，それはある限られた領域内で，反復に活動の権利を与えることによってである」(1914, p.154)。

　Kanzerはこの問題を，「転移の運動領域」(1966) という論文で十分に検討しています。彼は，転移を分析の場の内で育成し，外で阻止するという「飴と鞭の二方向」の技法について書いています。「鞭」とは禁欲規則であり，治療中は重要な決定はしないように注意するということですし，「飴」とは治療の内では転移に拡大のチャンスを与えることです。「運動場」[1]内では「ほとんどまったく自由に」させるのです (Freud, 1914, p.154)。

　Freud自身が述べているように，「患者が分析治療の必要条件に十分に敬意を払って，それに従うときにだけ，われわれは，病気のあらゆる症状にたいして，新しい転移性の意味を与え，患者の元々の神経症を『転移神経症』に置き換えることに必ず成功する。そして患者は治療作業によって転移神経症を治してもらうことができる」(1914, p.154)。

　転移が治療の内で表現されることが望ましい理由は，それがいつもわれわれの手の届く範囲内にあるからです (1914, p.154)。Freudは後にも同じ点について述べています。彼は，病気のこの「新版」——転移神経症——を用いて，分析家は病気の過程を最初から追求できるし，病気の原因や進展を書き出すことができることを強調しています。さらに，「われわれは，転移神経症のことを非常によくわかる。なぜならわれわれは転移対象としてまさに転移神経症の中心に位置しているからである」(1916-1917, p.444)。ここでのFreudの公式が意味しているのは，治療の場における転移の拡大は自発的なものなのだが，実際上は，分析の場と分析家の解釈が，強力にこの拡大をもたらしている，ということです。

---

　1) より正確に訳すと，友好的な調子がもっと少なくなるかもしれません。というのは，**Tummelplatz**の意味は「競技場，レスリング場，闘争場所」だからです。

Freudが転移における反復の**行動化**，をあまりに強調したせいで，人々が見落としがちになったのは，転移における反復は，必ずしも粗大な運動の形で**演じられる**（enacted）わけではない，ということです。上演（enactment）は，態度，感情，意図などの形で表現され得ます。実際のところ，反復は，運動行為よりも，しばしばこれらの形式の一つを取ります。そうした反復は，運動領域よりも精神領域に在るものです。

　この点を明確にしておくことが重要なのは，Freudの言葉が，精神領域における反復とは過去の想起だけを意味すると言っているかのように，誤読される危険があるからです。たとえば，そうした誤解は，Freudの次のような文章にたいして生じ得ます。すなわち分析家は，「患者が運動領域に向けようとする衝動のすべてを，精神領域に保つために」戦わなければならない，「そして患者が行動で発散させようとしているものを，想起という作業によって解決することに成功すれば，分析家はそれを治療の勝利として祝うのである」(1914, p.153)。患者の反復が運動領域にある場合に，分析家はそれを精神領域へと交換させようとするのはその通りです。しかし転移は，偽装された形ではあるが，精神領域から始まることもあるのです。精神領域における反復は，想起のみならず転移の上演をも含むのです。

　わたくしは，転移に気づくことへの抵抗の故に，転移は偽装されなければならない，と結論しました。その偽装が解釈によって暴かれると，外の状況と転移状況との当然の差異にもかかわらず，両者の内容は分析作業の目的にとって同じものだということが明らかになってきます。それ故，転移の分析と神経症の分析は合致するのです。言い換えると，転移はそれ自体のために分析されるのではなく，神経症に打ち克とうとして分析されるのです。前述したように，Freudは，転移神経症の克服を「治療を受けることになった本来の病気，を除去すること」と合致すると見なしていました（1916-1917, p.444）。

　転移外（extra-transference）の解釈と比べて，転移解釈の独特な有効性をたとえ認めるとしても，患者の神経症は完全に転移の中に再現されるものだろうか，という疑問は残ります。この問題は，神経症のあらゆる細部が転移の中に再現されるのかではなく，治療される必要のある重大な諸側面が再現されるかということです。そうでない程度に応じて，解釈は転移以外の解釈になるわけです。

　「終わりある分析と終わりなき分析」(1937a) において，Freudは，重大な

葛藤は転移に表れないかもしれないが，それは，それらがもはや患者の現在の生活で活動していないからである，と示唆しています。しかし別のところで彼は，転移神経症が以前の神経症の内容を正確に再現するのかどうかについて，より重大な疑問を投げています。「転移の力動性について」(1912a) において，Freudは，「病因となるコンプレックス」に接近するにつれ，「転移し得る」部分は「最初に意識の方へと浮かび上がらされ，そして最大の頑強さで防衛されるのである」(p.104) と強調しています。しかし彼は脚注で次のような追加説明をおこなっています。すなわち，このことからこの抵抗の表出部位となった部分が，特別な病因的意味を持っている，と結論すべきではない，と。「戦闘の経過中に，ある一つの教会堂や1軒の家屋敷の占拠をめぐって特別に激しい戦いがおこなわれたとしても，その教会を，たとえば国民的聖地であるとか，その屋敷に軍資金を隠しているとか想定する必要はない。その対象の価値は，単に戦術的なものであり，おそらく，ただこの一戦についてだけだろう」(p.104n)。同様の考えは，**精神分析入門**（1916-1917, pp.455-456）でも述べられています。したがって転移神経症の内容は，けっして以前の神経症の内容をそっくりそのまま再現したものではない，と言えるでしょう。

　わたくしは，Freudは，顕在化した転移が本来の病因的な事柄をどれほど歪曲したものとなっているか，の理解に失敗したのではないかと思っています。仮に転移が**完全に**（fully）自覚されたとしたら，転移の中の事柄は実際，以前の神経症の事柄であることが明らかになるかもしれません。その結論は，Freudの次の視座と一致するでしょう。つまり，病気のあらゆる症状は転移において意味を得て，そして転移が解消されるときに，患者が治療に来ることになった神経症も解消される（52頁の引用参照）。先に見たように，Freud自身，「運動場としての転移……そこで［反復強迫］は，患者のこころに隠されている病因的な衝動，をすべてわれわれに示してくれると期待されるのである」(1914, p.154) と記述しているのです。

　要約すると，Freud理論が明確に論じているのは次のことです。分析作業は分析の場の中でできるだけ転移を育成させるように働きかける。なぜなら，分析の場の中でこそ，転移がもっとも正確に認識され，効果的に操作されるからである。それをやれればやれるほど，転移が本来の神経症の代わりになり，そして転移の解消に本来の神経症の解消が伴うようになる。Freudは，この理想に近づけば近づくほど，治療が効果的なものになると主張しているのです。

転移に関する他の著者の視座

　わたくしは,分析作業における転移の中心性と優先性という原則の変遷について,包括的に再検討するつもりはありません。かわりに,いくつかの顕著な業績に限定するつもりです。

　まず最初に,FerencziとRank (1923) は,彼らの時代の分析実践と比べて,「転移において体験すること」をより強調する主張をおこないました。彼らの著作は,徹底操作の必要性を認識していないとして攻撃されてきました（たとえば,Alexander, 1925）[2]。FerencziとRankは,彼らが知性化と見なすものとの熱心な闘いにおいて,発生論的解釈の重要性を軽視しているようです。彼らは,転移を過去に関係づける必要性をはっきりと述べているのですが。しかし,彼らが強調しているのは,現実の分析の場が転移に与える影響を分析する必要性です。

　分析家が,転移の中心性について考察しようとするときに,もっとも思いつきやすい論文は,Stracheyの「精神分析の治療行為の本質」(1934) です。この論文で彼は「変化をもたらす解釈（mutative interpretation）」という語句を導入しています。その意味は,変化を引き起こす解釈ということです。Stracheyは,次のように問う形でこの問題に直接対峙します。「転移外の解釈は,わたくしが精神分析療法の本質として示唆した,変動の連鎖を始動させることができない,と理解されるべきだろうか？」(p.34)。彼はそうだと答え,彼の論文の主な意図の一つは,「転移解釈と転移外の解釈との,力動的な区別」を明らかにすることだと付け加えています。

　実は,Stracheyは,転移解釈だけが変化を引き起こす,というこの明確な立場から少し後退しています。転移外の解釈は変化を引き起こすことができない,と言う代わりに,彼は,それらの解釈は通常「決定的時点で与えられること」はない (p.34),と述べています。同様に彼は,転移外の解釈では,患者がその状況における現実のものと空想のものとを明確に区別することが,不可能ではないが,ただより難しいだけである,とも述べています。そして,こう

---

2) 興味深いのは,Alexanderが後になって意見を変えて,この著作を,彼自身の転移操作の提案の起点として用いたことです (Alexander, French, et al., 1946)。

した観点から，「転移外の解釈は，転移解釈よりも，効果が少なく，またより危険なものになりがちである」(p.34) のです。

Stracheyはあらゆる転移外の解釈に反対しているのではありません。彼は事実，転移外の解釈を用いて，「分析家は，その後で変化をもたらす解釈を投与できる状態を，転移の中に引き起こすことができる」(pp.37-38) と考えています。このことが本当だとしても，わたくしは，転移の中にそうした状態を引き起こすためには，転移外の解釈は必ずしも必要ではない，と主張します。そうした状態は必然的に至るところに生じるだけではなく，転移解釈はそれらを引き起こすことができるのです。

Stracheyは続けて，投与されている解釈の大部分は転移外の解釈である，と断言しています。しかしながらその正当化にいくらか苦労しています。それはおそらく，彼が変化をもたらすものは転移解釈だけである，と見なしているからです。この不均衡を整理しようとして，彼は戦場との類似に頼ります。彼は，「転移解釈の受容」を「重要地点の占領」と考えます。対照的に，「転移外の解釈は全体としての前進に対応し，重要地点の占領によって可能になる，最前線の強化に対応している」(p.38)。戦争の場合は，全体としての前進は，いつかは新しい「妨害」に会い，「次なる重要地点の占領」となりますが，分析治療においても，同様に転移外の解釈による洞察の強化と，転移解釈による新しい洞察の獲得との間に，「行ったり来たり」があるのです。転移の起動力をもっと強調するわたくしの立場は，以下の章で明らかにします。

Fenichel (1938-1939) の分析技法に関する権威ある著作は，Stracheyの論文のすぐ後に出版されました（参照Gill, 1980-1981)。この本が分析技法に関して包括的に述べようとしていないことは明らかですし，またこの本自体の中に，Fenichelが，彼の理論的公式化においてよりも，分析実践において，おそらく転移をより強調している証拠が見られますが，にもかかわらず，Fenichelが，Freud自身が著作において強調したほどには，転移を強調していないことは注目すべきことです。Fenichelは解釈において優先すべきいくつかの技法的な操作，を要約しています。彼は分析家に言います，(1)「いつも，その時の患者の情緒があるそこを分析すること」，(2)「その時に表層にあるもの」の解釈から始めること，そして (3) 内容解釈の前に抵抗解釈をすること (1935. p.451) です。興味深いのは，これらの公式のどれも，転移に直接には言及していないことです。

Fenichelはこれらの公式を「Freudからの伝統として伝えられた」こととして記述していますが，少なくとも最後の2つは，事実Freudの著作に**明白に述べ**られています。たとえば，自らの技法の発達段階を振り返って，Freudは，分析家は「患者の精神の表層にそのときに表れているもののすべてを研究することで満足し，解釈技術は，主にそこに現れる抵抗の認識のために用いて，それらの抵抗を患者に意識化させようとする」（1914, p.147）と述べています。

　技法に関する他の論文の一つにおいて，Freudは，抵抗は最初に扱われなければならない，とより具体的にさえ述べています。しかし，より重要なのは，彼が，Fenichelとは違って，このことを転移の内での解釈と明確に結び付けていることです。先に引用したように（22頁），彼は，どのコミュニケーションにおいても，「わたくしたちは，転移がそれに連なって生じる転移抵抗により障害されている状態，が取り除かれるまで待たなくてはならない」（1913, p.144）と書いています。わたくしはすでに，この意見の中で，Freudが障害されていると言っている「力強い」転移とは，抵抗とはならない陽性転移（促進的な転移）のことであり，一方，「転移抵抗」という用語によって，彼はおそらく，顕在している転移，すなわち転移解消への抵抗のことを意味している，と主張しました。わたくしが付け加えたいのは，もっと前においてさえも，転移の間接的なほのめかし，すなわち転移に気づくことへの抵抗，にたいして解釈を優先的に投与すべきである，なぜならそれもまた促進的な転移を「妨害する」から，という点です。

　Fenichelは転移解釈について特筆しそこなっただけですが，Anna Freud（1969）は，分析作業において転移を過度に強調していると彼女が考えるものを批判しています。しかし，彼女の視座について論ずるのは，Klein学派の転移解釈を論ずる章まで延期します。というのは彼女の諸意見は，本質としてKlein学派にたいする反応だと思うからです。

　転移解釈と転移外の解釈との相対的な役割についての議論で，Sylvia Payne（1946）は，Anna Freud, Fenichel, Edward Bibringやその他の経験ある分析家たちは，欲動派生物とそれらに関連した防衛を分析することが，「直接的な転移解釈と同等に重要である」という考えを維持している，と述べています。彼女は，「ある無意識的な転移状況」は，「それが抑圧されたイマーゴの転移ではないのなら」，そして転移が「分析家との間で再体験される」ことがないのなら，「抵抗としては機能」しない，と言います（p.14）。

この視座についてのわたくしの批判は,「無意識的な転移状況なるもの」は分析治療の中にいつも存在するものであり,転移を間接的にほのめかしていることの中に探すべきである,というものです。さらに,今ここでの転移,は分析家との間で再体験されているし,結局は「抑圧されたイマーゴ」に結び付けられるので,Payneの公式化は,転移解釈に優先権を与えることへの反論,としては妥当ではありません。

Kris (1956a) は,転移について特に言及してはいませんが,現在の葛藤の分析と過去の想起との間の相関を「循環過程」として記述しました。彼は「抑圧の解除は……自我を強化する」という伝統的な視座に反対していませんが,追加して,自我を強化することは次に「逆備給エネルギーをさらに減少」させる (p.82) のに有益だと述べています。転移の用語に翻訳すると,この視座は,転移解釈と転移外の解釈との行ったり来たりというStracheyの描写に類似していますし,わたくしの立場よりも,転移を強調することがより少ないことになります。

転移の中心性についてのより最近の知見として,Stone (1973) を引用します。抵抗についての議論の文脈の中で,彼が明確に述べているのは,自我心理学と性格研究の大きな発展を経て,分析作業における転移分析の中心的な役割が重要となったので,抵抗へのアプローチと概念化との両方が,大きく修正されてきた,ということです。彼は,「転移は実際,精神分析の場全体の中心的なダイナミズムである。そして転移神経症は,自由連想という汎心論を秘めた領域にたいして,本質的で接近可能な輪郭をもたらす一つの構想,となるのはたしかである」(p.57) と強調しています。

Stone (1967, 1973) は,しかし,わたくしに比べて,転移解釈と転移外の解釈との相対的な役割,を強調しない立場を取っています。でも,彼は転移外の素材は解釈それ自体のためよりも明確化のために,重要だと強調しています。彼によれば,多くの分析家は転移解釈に特有の価値を認めず,代わりに経済論的な観点に基づいて,転移解釈か転移外の解釈の選択をおこないます。Stoneは「まとまりのない断片的転移解釈は,必然的に『妨害となる』性質をもつ」と指摘して,次のように明言しています。「患者の転移外の生活は,彼の精神機能の複雑多岐さを理解するのに,しばしば必要不可欠なデータを提供するが,それはその生活が指し示すものがまったく多様であるからであり,その中のあるものは分析家との関係では再現され得ないものだからである」(1967, p.35)。

分析の場で再現され得ないものの例として，Stoneが引用しているのは，当意即妙の応答や，立腹している雇い主との会話，すなわち現実の解雇の危険性への反応です。しかし，そうした事柄がなぜ転移の中で情動的に意味ある表出を見出せないのか，わかりません。Stoneの例は，患者が態度を決定するうえでの外的状況の役割を過度に強調していると思います。代わりにわたくしが示唆したいのは，分析の場で適切な制限を維持している分析家との間においてさえ，患者は，分析家が当意即妙の応答をしているとか，自分は立腹している分析家と会話しているとか，分析治療から現実に解雇される危険性がある，と確信することがあり得る（しかも，まったくの間違いというわけでもない！）ということです。

転移神経症は本来の神経症をどれほど包括的に再現できるのか，という疑問に関して，Stone（1967）は，完全な再現が可能だとは考えていません。彼は，「分析家は，厳密な転移領域においてさえ，すべての転移役割を同時に割り当たえられうるはずはない」（p.33）と論じています。さらに，彼が主張しているのは，行動化のエピソードとはまったく別途に，患者の矛盾した態度が，まだ彼には意識されていないのですが，これらの態度が意識にもたらされ言語化される前に，治療者とは別の転移対象を求めるよう押しやることもある，ということです。Stoneはだから「転移外の解釈は，無視したり，重要性を過小評価することはできない」（p.35）と結論づけています。

一方，彼は，患者の生活文脈において休止している葛藤，は転移の中に表れない，というFreudの結論にたいして疑問を呈しています。

> Freud［1937a］が指摘したように，われわれが患者の生活文脈において休止している転移葛藤，を人為的に動かすことができないのなら，われわれはときに，その分析上の「不在」にたいして適切な解釈を与えたり，患者に別の直面化を受け入れさせるような，ある情動的環境において，その葛藤をある程度動かしてもよいだろう。その葛藤は，実際活動しているが，しかし転移への原始的な恐怖のために，遅延されて，ただ重篤な症状を用いての解消を目指しているか，あるいは患者の日常生活に不幸な，大規模の現実化を目指しているのである［1973, p.71］。

Fenichel（1938-1939）もFreudの結論に疑問を投げています。彼は，こうした葛藤が完全に休止しているとは考えていません。「自我はそれらが過去のものであるかのように振る舞っているにすぎない」（p.118）。彼によれば，分

析家はしばしば微細な手がかりから,その葛藤を「探知」しなければならないのです。したがってこの場合,分析家は「患者にその『葛藤』の現実」を示してあげなくてはならないのです (p.118)。

　ここでの再検討の結論として,StracheyだけがFreudの論理が要求しているものにアプローチしているように思えます。それは,転移分析こそが分析過程における圧倒的中心であるべきだというものです。本書の残りの章は（歴史的視座は除いては）,転移分析がどのようにおこなわれうるのか,をさらに展開させることについやされます。わたくしが最初に取りかかろうとするのは,分析の場で転移はどのように育成されるのか,の点です。Freudはそうすべきだと言っていますが,どのようにしたらそうできるのか,についてはほとんど述べていないのです。

第4章

分析の場内で転移を展開させる

　患者がその場に持ち込んでくる内容，に大きな影響を及ぼす態度，すなわち転移，を発展させる力を分析の場そのものが持っています。分析家が反応をひかえていることは，どのようにも解釈できる手がかりを患者に与えます。分析の場の治療的文脈は，強力な情緒反応を引き起こします。Freud自身が指摘しているように，患者が神経症であるということは，なんらかの不満足の状態にあることを表していますので，この「リビドー備給［わたくしは陰性感情を追加したいのですが］，……それは期待感に満ちたものだったが，が分析家の人格に……向けられるようになる」のは，まったく理解しえることなのです (1912a, p.100)。

　分析状況そのものが分析の場における転移育成の力を持っていますが，転移に気づくことへの抵抗を解釈すると，転移をさらに展開させることができます。分析の場があるだけで，十分にその中で自発的に転移が育成する，と広く信じられていることとは反対に，わたくしは，転移に気づくことへの抵抗を解釈してはじめて，転移が適切な形で展開すると主張しているのです。

　患者側にも分析家側にも，転移に気づくことへの重要な抵抗があります。患者側の抵抗の理由は，自らの性愛的で攻撃的な衝動を開示しなければならない，その当の相手にたいしてそうした衝動を向けている，のを認めることが困難である，という点です。分析家側の抵抗は，彼を居心地悪くするに違いない患者のまさにそうした態度を，患者が分析家のものだとするところから生じます。つまりそうした態度はしばしば，分析家が自分にたいして向けてきた態度であり，自分はそのことを口に出しにくい，と患者が信じているのです。というのは，一般的な意味で，患者は分析家の感情をあれこれ話題にするのは不作法だと感じているし，より特定の意味で，患者が分析家の態度だとするものはしばしば，分析家が好まないか居心地悪くなるにちがいない，と患者が感じている態度だからです。このため分析家は，患者の態度だけではなく，**分析家**が持っ

ていると患者が信じている態度，についても特に注意しなければなりません。

こうした態度に気づくことへの抵抗のせいで，それらの態度は患者の表出する連想の中にさまざまに偽装して表れ，そして分析家は，そうした偽装をあばくことをためらうのです。もっとも多く見られる偽装は，置き換え（displacement）ですが，同一化（identification）も同様に重要な偽装です。置き換えでは，患者はこうした態度，を第三者との関連で話します。同一化では，患者は，分析家が自分に向けていると信じている態度を自分自身のせいだとします。Lipton（1977b）は最近，転移に触れているこの形の偽装のことをすばらしい例をつかって記述しています。

転移を汚染させないために何もしないでいる必要がある，と信じている分析家は，転移が自発的に明確になるまで待っています。このような考えは，抵抗というものの本質を見逃しているのです。待っているだけで抵抗が次第に消失するのなら，どうして解釈が必要なのでしょうか？

Stone（1973）の意見がここでは適切です。彼は自分の知る限り，Freudは「抵抗は精神分析作業のどの段階でも作動している」という信念を変えたことがないと述べています。にもかかわらず，多くの分析家はどういうわけか，介入や解釈がなくても，患者の自由連想はそれ自体で結局は，「彼の神経症の全体的な意味あるストーリー」を明確な言葉で現す，と考えているようです。Stoneが指摘するように，「こうした考えは，もちろん，抵抗の役割，それと病気の発症と密接な関係のある防衛と葛藤，についてのFreudの基本的な前提に，明らかに反している」（p.49）。

転移解釈をおこなう際に，分析家がどの程度主導権を取るかは，患者の連想の中にどの程度転移的な意味が含まれていると分析家が信じているのか，転移の意味を明らかにすることがどれほど重要だと分析家が信じているのか，そして待っていれば，転移は自発的に明らかになると分析家がどれほど確信を持っているのか，にかかっています。Freudは明らかに，一般に解釈をおこなう際に，そして特に転移解釈をおこなう際には，分析家がすすんで主導権をとるようにと主張しています。以下に引用するFreudの言葉は，分析家が患者に話すことと同様に，分析家の沈黙下での熟考について述べているようにも解釈できますが，それらはやはり，患者に説明する際に分析家が主導権を取るように，というFreudの主張を表している，とわたくしは信じています。

たとえば「非医師による精神分析の問題」（1926b）において，Freudは対話

者にたいして「求めている価値ある素材はわずかしか含まれていないかもしれない何十トンもの鉱石を処理」しなければならない，と述べています。対話者が彼に，その素材をどのように処理するのかと尋ねると，Freudは次のように答えています。「患者の話や連想は，求めているものの歪曲されたもの，それをほのめかしているものにすぎず，いわば，そこから背後に隠されているものを推測しなければならないもの，と見なす。一言で言えば，その素材が記憶であれ，連想であれ，夢であれ，まず**解釈**されなければならない」(p.219)。同様に，Freudは，患者の葛藤へ至る道が示されるのは，「患者の症状と，夢と，自由連想である。しかしこれらはまず解釈——翻訳——されなければならない。というのは，これらはイドの心理活動の影響下にあるので，われわれの理解にとって，奇妙な表現形式を取るからである」(p.205)。

特に転移について，Freudは明確に述べています。「転移は分析家によって患者に意識させられる」(1925, p.43)。「**非医師による精神分析の問題**」において，彼は次のように述べています。「分析治療における恋愛感情は，かならずしもすべての症例において，わたくしが描写しようとしたように明確に，際立った形で表れるわけではない。どうしてだろう？ それはすぐにわかる。患者の情愛の純粋に官能的な部分と敵意的な部分とが表れようとすると，患者の中のそれらに反対する動きが喚起される。患者は，まさに私たちの目前で，それらと戦って抑圧しようとする……患者は私たちの目前で，以前の防衛行為を繰り返すのである」(1926b, p.226)。このように，解釈において分析家が主導権を取らないと，こうした患者の観念は顕在化しないのが明らかです。

分析家たちは一般的に，分析家としてのFreudのおこない，とは非常に異なった姿勢を好んでいるように思えます。Wisdom (1967) が言っているように，ほとんどの分析家は，Freudの全般的な技法，臨床的な前提，基本理論を採用していますが，たいていはFreudの科学的な「実験」スタイルに忠実ではありません。Wisdomによれば，Freudは患者のコミュニケーションに現れる難問をなんとか解こうとして，主導権を取っていたようです。患者が解決してくれるのをただ待つ代わりに，「彼は説明を見つけ出そうとして，絶えず推測し，それからこれらの推測を適用し，試そうとした」(p.335)。

転移分析が解釈を必要とするのなら，解釈をすることへの多かれ少なかれ一般的なためらいは，どれも確かに転移分析の妨げとなりましょう。他方，ある種の解釈で主導権を取り，他の解釈では主導権を取らない分析家がいるかもし

れません。

　Glover（1955）は、転移解釈をする上で、分析家は主導権を取らなければならない、と繰り返し明言していますし、転移神経症を引き起こすために重要な役割、を果たしているのはそうした解釈であるのは間違いない、とさえ主張しています。彼は、転移解釈が自動的に「分析の場を緩めて、大量の記憶をもたらす」、あるいは直接的に転移解消という結果になる、と期待すべきではないと述べています。「**それどころか、転移神経症は第一に、転移解釈によって育まれるのである**。言い換えれば、断片的な形で始まった転移は、解釈を基盤にしてその上にまとまるものである」（p.130）。Gloverは、もしある分析家が、転移神経症は、助力がなくても、結局は説得力のある方法で患者に現れる、と単純に考えているようなら、その分析家は失敗する危険がある、と見なしています。「転移神経症の真の本質は、われわれの入念な注意の結果によってのみ、抽出されうる」（p.113）と彼は説明しています。必要なことは、転移神経症の**「覆いを取ること（uncover）」**であって、「分析原則に膠着することではない」（p.136）。彼がもっとも強調しているのは次のような意見です。「**転移解釈をおこなうことに臆病になることが、他のどのような態度よりも分析治療を停滞させる**」（p.117）。Fenichel（1938-1939）もまた、「十分に明確な転移解釈」をおこなうことの失敗による否定的な結末について述べています（p.46）。

　分析家が主導権を取ることへのGloverの擁護は、1セッションの非常に早い時間に転移解釈をおこなうこと、が適切な場合がときおりある、というコメントにおいても見られます。特に、「転移状況が濃密になりすぎた」症例では、長い一連の患者の連想を待っているよりも、開始時にいくらかでも転移解釈をおこなうこと、でそのセッションを始める方がより望ましい、と彼は忠告しています。しかし、彼は分析家に、「このことを習慣にしないように、さらに言うと分析治療における何らかの方針にしないように」と注意しています。というのは、患者はそうした治療者の考えをすぐさま見抜き、「各セッションの始まりに連想の餌をばらまいて」セッションを始めようとさえするかもしれないからです（1955, p.177）。

　分析家が、患者の連想の中に見たと信じるものを、どの程度まで患者に話すべきか、という問題は複雑な問題です。すべてを話すのは、乱暴な分析でないとしても、感性の放棄になります。話すことを控えるのは、転移を操る危険に陥りやすいことになります。話すことを控える理由のひとつは、除反応理論に

うっかりと従っているからかもしれません，すなわち転移態度と結びついた「緊張」が高まって，自発的に表出されるようになるところまで転移解釈をおこなうのを待つべきである，というものです。Alexander（1935）は，転移内容の解釈を控えることに関して，同様の観点を述べています。「情緒的除反応をもっとも重要な治療要因と考えている分析家たちは，カタルシスを目指す催眠，における除反応に似た情緒の噴出を生み出す，こうした手段すべてを強調することだろう。それらは，抵抗のある種の操作であり，あるいは患者の中に情緒的緊張を作り出すことであるが，それらをたとえば内容解釈を避けることによっておこなうのである」（p.590）。Fenichel（1938-1939）は「外傷を好む（traumatophilic）」分析家のことを書いています。むろん厳格な原則を立てることはできません。しかし逆転移が治療理論の用語によって簡単に合理化されうることを心せねばなりません。どんなときも，前もって決められているあらゆる定石的な方針は，それが主導権であれ抑制であれ，疑わしいのです。

　無活動と中立性とを混同してはなりません。中立性は何かをすることを避けることではなく，患者が表出するすべてのことに平等に注意を払うことであり，他の素材よりもある種の素材を優先することではなく，そして分析治療の課題に従うこと，すなわち意図をもった暗示をさし控えることなのです。わたくしは他のところで（1979），中立性について，治療の場の持っている偶然の効果や，患者の治療関係体験にたいする治療者の介入の効果に，持続的に注意を払うことも含むと記述しました。

　Stone（1954）は，治療者の中立性を患者が感じとってくれる場合，の望ましいありようを巧みに記述しています。もっとも望ましいレベルでは，患者は「分析家の中立性を，自ら課した目的にかなった技術上の規律（実際，ひとつの技術です）と見なし，もっともな理由として進んで受け入れるだろうし，分析家が個人的な満足のために用いているわけではなく，原則を破ることへの極度の恐れのために堅苦しく採用しているわけでもない」（p.575）と感じるだろう，と彼は推測しています。わたくしはそうすべきだとさきほど示唆しましたが，分析家がどのように感じていると患者が思っているのか，について分析家が注意を払うなら，患者が分析家の自己抑制を，分析原則を破ることを恐れて「原則通りにおこなおうとしている」と解釈していることに，たいてい気がつくでしょう。

　ものごとが明らかになるまで分析家が待つことは，解釈はそれが正しいとわ

かるまでおこなうべきではないという誤解を示してもいます。転移への明らかな言及という点から考えて、ある種の非転移的な素材が何らかの転移としての意味を持っている、と確信できることがしばしばありますが、その意味が何なのかについては確信を持てません。ある解釈が正しいかどうかは、その解釈がなされて、それへの患者の反応を調べるまではわかりません。さもなければ、その解釈は多かれ少なかれ、もっともらしい仮説にすぎません。たとえば、Wisdom（1967）は、分析家は「解釈の後で」患者が何を言うのか、何をするのかに注意しなくてはならないと書いています。患者のこうした反応によって、分析家は自分のおこなった解釈が正しいのかどうかを決定できるのです。Wisdomが述べるように、「実践的な立場からすれば、臨床的な解釈は、その結果によって確定されたりされなかったりする」（pp.335-336）のです。WisdomはここでKubieが「精神分析の妥当性と進歩における諸問題と諸技法」（1952）において同様の観点について述べていることに触れています。

　転移を強く強調することにたいして、分析家と患者の双方から聞く反対意見の一つは、分析家は、患者の現実生活における出来事の重要性を無視しているのではないか、というものです。この批判は正しくありません。転移の意味を強調することは、その他の意味を否定したり軽視することではなく、内容が持っているいくつかの意味の中から、分析過程にとってもっとも重要な一つに焦点を合わせる、ということなのです。分析家は次のような前提に立って分析を進めています、すなわち、患者は、できうる多くの連想の中からある話題を選んで語るが、その話題はしばしば転移にたいする抵抗として働くし、それ故分析過程にとって重要な転移的意味を持っているのである、と。

　妻にたいして怒りを爆発させたことを連想した男性の例を見てみましょう。分析の場での潜在的な意味は、その患者が分析家の言ったことに腹を立てているけれど、それを直接には口に出せないということかもしれません。この解釈の趣旨は、妻への怒りの爆発についての患者の話の「真の（real）」意味は、彼が分析家に腹を立てている、という意味ではありません。それは、必ずしも、患者が妻へ腹を立てたことは正しくなかった、という意味ではないし、さらに言えば、分析家に腹を立てていることは正しくない、という意味でもありません。解釈が意味しているのは、患者は分析家にたいして怒りをあからさまに表すことに抵抗があり、そのため偽装した形で分析家への怒りに触れて、今連想の中で、妻への爆発という出来事として表しているということです。患者の連

想は，症状や顕在夢と同様に，願望と抵抗との妥協形成物です。この例では，分析家にたいして怒りを表したいという患者の願望と，それをあからさまにおこなわせないように抑制しているあらゆるもの，との間に妥協が見られます。

　分析の場では，患者の現実生活の些細なことについて解釈する方が，重要な事柄について解釈するよりも抵抗が少なそうだ，ということはあり得ることです。上記の例では，患者が分析家への怒りに触れているという解釈は，分析の場の関連ありそうないくつかの出来事に結び付けられなければなりません。そのことは後述します。そのような解釈は，患者が腹を立てているのは彼の**妻**にたいしてで，分析家にたいしてでは**ない**，という応答に出会うかもしれません。相互のやり取りはその後からもちろん，分析家が間違えている可能性を排除しないだけではなく，患者がその解釈を，妻への自分の感情をそれ自体として妥当なものである，ことを否定するもの，と受け取らないように保証しながら進行するでしょう。

　Lipton（1977b）は，患者の反応は，出来事の外的な重要性や，転移解釈が受け入れられるかどうか，によるばかりではなく，分析家のその解釈の言い方の持っている含意によっても影響されることがあると指摘しています。分析家が，「あなたが言っている本当の意味は……」と言うと，患者は分析家が外的現実を軽視していると感じるかもしれません。潜在的な内容は，患者が言っている**本当**の意味ではないのです。患者は表に出ている内容のことを本当に言っているのです。その分析家が識別したのは，患者が連想の中のある主題についてこだわっている理由は，分析治療での転移による潜在的な意味にある，ということです。そのように言えば，患者が「言っている本当の意味」，という言い方とは非常に異なっています。

　分析家の解釈の言いまわしのもう一つの不幸なスタイルは，「あなたが言っているのは……」です。潜在的な内容は，患者が言っていることではありません。事実，潜在的な内容は患者が言っていないことです。そのため分析家は，「あなたが言っていないことは……」という言い回しの方を好んで用いたらいいかもしれません。しかしこの言い方でさえ，危険を孕んでいます，というのはこの言い方は，患者によって批判と受け取られ易いからです。それは患者は言っていることよりも，言っていないことを言う**べき**である，という要求のように思われるからです。

　分析家が目的を達するためのもっとも中立的な方法は，おそらく，わたくし

が転移内容について論じているものと同様の意味で話すことです。すなわち分析家は次のように言うと良いでしょう。「あなたと私に関するかぎり，あなたの言っていることの隠された意味かもしれないことは……」あるいは「私たちの関係にとって，あなたの言っていることの含意は……」。

　分析治療の非常に重要な技法は，まさにこの潜在的な意味を発見することだ，ということを患者は学ばなければなりません。そのうちに患者はその種の解釈をもっと受け入れるようになります，たとえその解釈が，患者にとって非常に重要ななんらかの当面の生活状況から向きをそらさせるように見えてもです。同時に，分析治療の多くの他の問題の場合と同様に，分析家は，正面から理解し受け入れてほしいのに，という患者の不満も見逃さないように注意しなければなりません。

　この問題は，転移分析と患者の現実生活状況とを結びつけるための技法にとって，基本的なものです。患者は，分析治療は彼らの現実状況を即座に直接的に援助するように設計されているのではなく，現実状況を彼ら自身で理解するように設計されていることを学ばなければなりません。理解することによって，患者はその理解を彼らの生活状況の中に生かすことができるようになるのです。分析家は自分たちにいかに生きるべきかについて言うつもりはない，ということを発見することは，患者にとって非常に大きな慰めになりうるのです。Gray（1973）は，分析家が患者の生活状況について話しあうのを控えることを，患者は分析家の中立性の再保証と見なす，という点を十分に記述しています。しかし最初のうちは，患者が特別な現実生活状況について心配しているときに転移解釈をされたら，患者は，これは分析家が患者の現実問題を無視し，自分自身に過度にかまけているのではないか，と感じることがあります。そうではないということを患者が明らかに学んだ後でさえ，新しい現実状況が現れるたびに，同様の反論が再び生じることがあります。

　患者はまた，外的出来事についての自分の連想を転移として解釈されると，分析家が言っているのは，その外的出来事が生じたのは，それが転移の意味を持っている*から*ということだ，と誤解するかもしれません。その患者が妻に腹を立てている状況を述べ，分析家がこれらの連想の潜在的な意味として，患者は分析家に腹を立てている，と解釈したら，患者は，自分が妻と争っているのは，分析家と争いたいことの置き換えである，と分析家が言っている，と誤った結論をくだすかもしれません。

もちろん多かれ少なかれ，患者が転移の置き換えとして外的世界で何らかの行動を起こすこともあり得ます。すなわち患者は「行動化している（acting out）」ということです。しかし，この場合の解釈は，患者の連想が転移の意味を持っている場合の解釈とは，明確に区別される必要があります。連想の解釈は，患者はある特定の時点で，転移としての潜在的な意味を偽装した形で**述べている**，と言っているだけです。一方，行動化の解釈は，その行動は転移についての何かを表現する一つの方法として**演じられた**，と結論を出すことです。もちろん患者の抵抗が非常に強いと，患者は分析時間中にその出来事を話そうとしないでしょう。その場合は，患者が述べる表面的な連想から推測できることで，分析を進めるしかありません。

 ある行動が転移の行動化を表しているのか，あるいは転移のほのめかしとしてただ連想の中に表れているにすぎないのか，という区別はしばしば明確ではありません。患者がより抵抗しそうであればあるほど，その行動は転移的な理由によって**なされた**，という解釈がますます提示されます。行動は多元的に決定されるものですから，共存している決定因のどれが重要なのかを評価することの困難はあらゆる場合に生じるので，大切なのは，向け替えられた行動としての，そして単なる間接的なコミュニケーションとしての相対的な役割について，患者と分析家の両者で率直に検討することです。もし女性患者が男性と関係を持ち始めたら，そこで転移の行動化はどのような役割を演じているのか，そして彼女の孤独感とそのような適切な（あるいは誘惑的な）男性と偶然に（もちろん問題はどのように偶然にかです）出会ったことがどのような役割を演じているのか，について誰が話せるでしょうか？　外的現実は行動の決定因の一つです。

 あまり用いられることのない概念である「アクティング・イン（acting in）」は，行動化と話すことの中間の現象であり，そこでは転移は精神的な領域に留まっていなくて，その分析時間中に分析家との関係において行動として表出されます（Zeligs, 1957参照）。これはFreudが最初に用いた「行動化」概念です。前述したように（53頁），そうした「アクティング・イン」との関係で，Freud（1914）は，衝動が行動によって発散される代わりに想起されるのなら，それを勝利と見なすと言っています。しかしわたくしは，第1段階は，衝動を今ここで（here-and-now）明らかにすることだと主張したいのです。それ故，転移をほのめかしているとの解釈とは，患者の連想内容が転移をほのめかして

いるという解釈だけではなく，分析セッションの中と外の患者の行動が転移の意味を持っているという解釈でもあるのです。

　要約すると，分析の場で転移を発展させるには，明らかな治療関係についての連想だけではなく，患者の行動についても，転移をほのめかしていることを解釈するうえで，しばしば分析家側の多大な主導権が必要になります。患者と分析家の双方に，偽装された転移の正体を明らかにすることへの大きな抵抗があります。分析家は，自分が転移について導き出した結論が正しいかどうかは，それを患者に提示して，患者の反応を，単に表面的なものだけではなく，可能な意味も含めて注意深く観察するまで，知ることはできません。転移の意味を強調することは，患者の生活において同時に存在しているその他の意味を軽視することではありません。ただ，治療の目的にとって第一に重要なことは，転移の意味であるということなのです。

第5章

転移は常に存在する

転移と転移神経症

　分析家たちは一般に,転移分析が分析過程の核であることに同意しています。にもかかわらず,患者の表出するものが転移への抵抗としての意味を持つことがいかに多いかについては,表だって語られることはあまりありません[1]。そうした意味がいかほど広く存在していると考えるかが,そうした意味群について解釈することが分析過程で果たすべき役割,についての考えかたに影響するはずです。

　患者の連想における,転移としての意味の遍在性のテーマは,転移と転移神経症との区別のテーマと密接に関連しています。転移神経症が存在するときには,転移は,至るところに見られるわけではないにしても,患者の連想において重要な役割を果たすことは一般的に認められていますが,転移神経症が開花したといつ言えるのかについて合意はありません。しかし,転移と転移神経症との区別を検討する前に,患者の連想における,転移としての意味の遍在性について,さまざまな著者たちがどのように述べてきたか概観してみましょう。

　Freudがこのテーマについての自身の考えを明確に述べていないし,強調してもいないので,わたくしはこのテーマについての彼の意見を見つけだそうとしたとき,困難に直面しました。技法の諸論文には直接的な言及はありません。しかし,「転移の力動性について」(1912a) から推論によってある結論に到達できます。わたくしはすでに,もし神経症的コンプレックスの材料の中にある

---

1) 以下に引用する文献において,著者たちは転移抵抗を意味するときに,しばしば転移と言っています。すでに指摘してきたように,この混乱は,促進する転移がしばしば転移としては認識されず,そのせいで2種類の転移が区別されていないことから生じます。

何かが，分析家の上に「転移されるのにふさわしいものであれば」，そのとき「転移が生じる。それは次なる連想を生み出し，そして抵抗の徴候によって，その存在を示す」(1912a, p.103) という Freud の所見を引用しました。その一つ前の段落で，彼は，「抵抗は治療の一歩一歩に伴っている。治療中の患者のどの連想も，どの行動も，抵抗を考慮しなければならないし，それは回復に向かう力とそれに反対する力との妥協を表している」(p.103) と説明しています。しかしこのように並置しても，すべての連想は転移に関連している，という結論を必ずしも導くわけではありません。なぜなら，Freud 自身が，転移抵抗以外の他の抵抗をも列挙しているからです（すでにわたくしは，この姿勢に疑問を投げています）。さらに，Freud はここで，いくつかの題材は転移されるのにふさわしくないかもしれないとも言っています。

　Freud が実際に，患者の表出したすべてのものを，明らかにであれ密かにであれ，転移に関連していると見なしていることを示唆するものとして，ときどき言及される引用箇所の一つは，彼の自伝 (1925) の中にあります。彼は次のように言っています。「患者にはその [精神分析の] 場に関連のないことは何も思いつくことはできない，とわれわれが仮定するのは正当であろう」(pp.40-41)。しかしこの言明においてさえ，彼が分析の場という言葉で何を意味しているのか，は疑問のままです。

　この点は，**夢判断** (1900) の中で，より直接的に，しかし僅かにしか書かれていない一節によって明確にすることができます。Freud は次のように書いています。患者は心に浮かぶことをなんでも話すように言われると，彼の連想は，「治療に固有の，目的にそった考え」によって導かれるようになる。そしてそのような固有の目的にそったテーマは2つある。ひとつは病気と関連しており，もうひとつは——患者はこのことに「気づかずに」と Freud は言っている——分析家と関連している (pp.531-532)。この記述は，連想は時には病気によって，また時には転移によって導かれる，という意味として読むこともできます。しかしわたくしは，これは，両方の連想はともに最初から終わりまで存在している，という意味だと思います。

　他方，Freud (1912a) には別の言明もあります。それは，すべての連想が，明らかにであれ密かにであれ，転移としての意味を持っている——少なくとも最初を除いて——とは，彼は信じていないことを示唆するものです。彼はこのように主張しています。「分析治療が長く続けば続くほど，そして患者が，病

因的素材を歪曲してみても，それでは素材が明るみに出ることへのどのような防御にもならないことを，よりはっきりと認識すればするほど，患者はますます一貫して，彼に最大の利益を提供する歪曲の一種，すなわち転移による歪曲を利用するようになる。こうした事情で，結局は，すべての葛藤が，転移の領域で戦われなければならない状況へと向かうことになる」(p.104)。

2年後の「想起，反復，徹底操作」において，彼は再び，転移に関する限り，それが遍在的になる過程について示唆しています。わたくしがすでに記したように（52頁），Freudは，患者が分析治療の基本原則を受け入れると，患者のあらゆる症状は「新しい転移性の意味」を獲得し始め，「彼の元々の神経症」は分析治療において徹底操作される「転移神経症」に置き換えられるであろうと述べています（1914, p.154）。

後の精神分析入門（1916-1917）での彼の発言は，分析治療が転移によって次第に支配されるようになることをより明確にしています。その中でFreudは，神経症は静止しているのではなく成長し発展しつづけるのだと指摘するのにつづけて，転移神経症を，「治療が患者にたいする支配権を得た」状況，と定義しています（p.444）。彼は続けて，神経症的な素材はいまや分析家との関係に集中するようになると主張し，転移がこのように重要さを増すと，患者の記憶についての治療作業は，より小さな役割しか果たさなくなると述べています（参照，49頁）。たぶん，Freudにとって転移神経症とは，転移抵抗が優先的で主要な歪曲の手段となる分析治療の段階，と定義されていると結論づけていいでしょう。

しかしたとえFreudの諸論文が，患者の連想の中には転移としての意味がどれほど遍在しているか，についてさらに明白に論じていないとしても，分析技法に関する他の人々の諸論文も同様なのでしょうか？　あとで詳しく論じますが，一般に，転移の遍在性を強調するのは，誰よりもKlein学派です。にもかかわらず，この問題はしばしばKlein学派以外の人から語られます。たとえばBird（1972）は次のように書いています。「私はまた，あれやこれやの形をとって，転移は分析の場に常に存在し，活動し，意味を持っている，と思っている。このことから当然，転移としての意味を明らかにすることをあきらめねばならぬ場合はほとんどない，ということになる」(p.267)。

精神分析文献を入念に探せば，おそらく，転移としての意味の遍在性について，はっきりと述べている他の例を見つけられるでしょう。たとえばここに，

Wisdom (1956) が，そのような意味が遍在することを明確に述べた個所があります。「連続した連想の連なりは（通常の思考様式からするといかに結び付きがないように見えても）（a）意味深い相互関係を持ち，（b）特に分析家にたいして根本的な関連性を持っている」(p.147)。しかしWisdomはKlein学派なので，Klein学派の転移についての考えを論じるのは後にしたいと思います。

ほかにもさまざまな例が見つかります。Ferenczi (1925) はOtto Rankの示唆に同意し，患者の分析家との関係を「分析素材の中核として」取り上げ，「どの夢も，どの身ぶりも，どの失錯行為も，患者の状態のどのような悪化も改善も，これらはみな転移と抵抗の表現である」と見ています (p.225)。FerencziはここでGeorge Groddeckによる先例を記しています。Groddeckは，彼の患者の症状が悪くなると，決まってこう尋ねています。「何か私にたいして反対する気持ちがありますか。私があなたに何かしましたか。」Ferencziによると，Groddeckは，この質問に答える過程の中で，患者にいま生じた症状は減り，Groddeck自身はその神経症のより深い理解に達した，と言っていたそうです (p.225)。

より最近では，McLaughlin (1975) が次のように指摘しています。「われわれの作業する自我の一部として，われわれは，患者の観念的で情緒—運動的な内容を，たとえどこに中心があったとしても，われわれとの関係に関連するなんらかのレベルを持つものとして，『読む』ことを学んできた。そしてわれわれはその文脈の中で共振れするのである」(p.366)。同様にLichtenbergとSlap (1977) は，分析の場の内で分析家は常に，被分析者がいかに彼（分析家）を体験しているかに「耳を傾けて」いる，と主張しています。言い換えると，患者の意見やあるいは沈黙さえも，その表だった焦点が何であろうと，「環境と相互作用をしている患者自身の感覚の一つか（たいてい）複数の側面が，常に分析家との関係に関連している」(p.299)。ここでNathaniel Ross (1978) の，分析家は「患者の彼との情緒的な関係」に繰り返し直接注意を向けなくてはならない，それが「いかに置き換えられたり，抑圧されたりしていても」という意見 (p.11) を引用してもよいでしょう。

すべての連想は転移としての意味を持つ，ということをもっとも強調した主張のひとつは，David Shaveの「治療的な聴き手」(1974) という題の著作に見出せます。しかしわたくしは，口唇期葛藤がすべての精神病理の根である，というShaveの主張には従えないし，転移解釈に原則として反対する技法，と

いう彼の特異な驚くべき結論にも従えません。

　転移抵抗が広範に存在していることを立証する発言をいくつも見出せるにもかかわらず，この考えは，明白な原則としては一般的に表明されていません。対照的に，転移と転移神経症との区別が広く受け入れられているのは，しばしば転移神経症が発展した後ではじめて転移抵抗が遍在する，という意味なのです。さて，この区別は，患者が，一般的に人との，そこには分析家も含まれますが，習慣的な関わり方としての転移と，ある期間進行した分析治療の後に顕在化するようになり，分析家にたいしてより特異的に見える態度のことである転移神経症との間でなされています。しかしわたくしは，たとえ転移神経症の徴候がなかったとしても，転移抵抗は常に存在すると主張したいのです。それらが常に解釈されなければならないかどうかについての結論はどちらであっても，わたくしの論点は，それらは常に存在し，それ故に，常に解釈の可能性があるということです。

　Greenson（1967）は，しばしば概念化される方法に従って，転移抵抗の定義をおこなっています。彼は次のように述べています。「Freudはまた**転移神経症**という用語を，そのなかで分析家と分析作業が患者の情緒的な生活の中心となり，そして患者の神経症的な葛藤が分析の場の中で再体験される，転移反応の布置を記述するために用いている」(p.34)。Greensonは，患者のあらゆる症状が獲得する「新しい転移としての意味」(Freud,1914, p.154)について，わたくしが先に引用した（52頁）一節を参照例として引用しています。ここで再度，転移神経症は「治療が患者にたいする支配権を得た」(1916-1917, p.444) ときに明白になる，というFreudの見解を述べていいのかもしれません。しかし，患者の生活において，分析時間中の分析家の意味と，それ以外の患者の生活の中での分析家の意味とを区別することは重要です。注目すべきことは，分析治療が明確な転移神経症によってきわめて順調に進められることです，たとえ患者の生活の多くの側面が語られず，そのため分析治療の中で，実生活の役割がまったく見出せなかったとしてもです。こうした脱落は，必ずしも患者が生活上の事柄を避けているという意味ではありません。すでに強調したように，患者がもたらす連想は，転移抵抗を（偽装された形で）表現するのに適しているのであり，脱落した情報は，単にこの目的に適していないか，必要がないだけかもしれません。転移解消への抵抗から明らかなように，分析時間中に転移に際だった関心が向いているのが，必ずしも分析治療が首尾良く進

行しているしるしではないこともまた真実です。
　わたくしの知る限り，転移と転移神経症の区別を，もっとも明確にはっきりと記述しているのはGlover（1955）です。彼は，転移を転移神経症とは区別して，「漂っている」，「作用している」あるいはよりしばしば「自生的な」転移と呼んでいます。彼はまた，こうした転移は転移神経症が発展する前の好意ある贈り物であることを明らかにしています。
　Gloverは転移と転移神経症の質的な差異を提案しています。自生的な転移はその人の現在の対象関係を支配しているものと同じものですが，転移神経症は，症状形成過程と幼児神経症とを反復する転移から構成されています。特に，彼は転移神経症における同一化の反復と，それが「もっとも重要な幼児期の対象関係の本質と進展」（p.121）を表す仕方とを，抽出しています。Gloverによれば，転移神経症は，これらの対象関係にたいする分析家の以前の印象を確信させるか，あるいは改訂させるのです。「**転移神経症が生じている間に起こる転移性の同一化によって，分析家は，病因となる固着が起きた自我発達の時期，を抽出できる**」（p.122）。
　Gloverは軽度の抑うつ患者の事例を引用しています。分析治療の初期に，この患者は，母親が彼を「ひどく拒否し」て，母としての世話のようなことをしてくれたのは父親だったと言い張りました。そして，分析治療の初期段階はこの見解を確認しようとするものだった，とGloverは記しています。しかし，いったん転移神経症が確立されるようになると，陰性の父親転移が表面化しました。「転移状況の根気づよい分析」が，基底にある「同性愛的な外傷」を明るみに出しました。すなわち，患者の妹が生まれたとき，父親が愛情を妹に移したように見えたのでした。Gloverは次のように述べています。「この転移の分析作業によって，症状がめざましく改善したので，次のように推論してもよいだろう，すなわち，彼の重要な病因的固着は父親に向けられたもので，超自我としての父親の取り入れはきわめてアンビバレントなものであった，と」（p.122）。
　Gloverは「こうした選択的再現」を，おくれて発展する転移神経症と早期の自生的な転移とをわける特徴だと指摘しています。自生的な転移を「治療を進めている転移」として記述しながらも，彼は「それらは，その人の現在の対象関係を支配している，潜在的な愛着や嫌悪を表している」と説明しています。彼は，性格障害ではこれらの早期の転移すら，すでに病的な形態を示している

こともある,と記していますが,「症状形成過程と特定の結び付きを持って前面に表れてくる転移」は,転移神経症であると考えています (p.122)。

Gloverが,転移神経症が始まったあとでは,患者の連想はことごとく転移としての意味を持つ,と見なしていることは明らかです。いったん転移神経症が発展し始めると,「分析セッションの間に生じるすべてのこと,すべての思考,行動,身振り,分析外の思考と行動へのすべての言及,すべての思考と行動の制止,は転移状況と関連している」と彼は書いています (p.119)。彼は,その後は転移解釈をどの時点でおこなっても適切であると付け加えています。

逆転移と逆抵抗についての議論の文脈の中で,Gloverは再び,転移(と逆転移)現象の広範な存在を強調しています。分析家のすべての行動(あるいは行動の欠如)には逆転移が含まれている可能性がある,という彼の主張には,彼自身認めているように,反対する人たちもいるでしょう。しかし,彼は「もし分析家が,彼らが主張しているように,転移神経症が生じている間に患者が考えたり,言ったり,あるいはしたりすることはすべて,それが必要であるか役に立つなら,転移として解釈され得る,と主張するならば,当然,逆転移が生じている間に分析家が考えたり,言ったり,あるいはしたりすることはすべて,それが必要であるか役に立つ場合には,逆抵抗として自己解釈され得る」と論じています (p.98)。ここで強調されているのは,転移神経症が発展した後の,転移状況の決定的な影響です。

とはいえ,Gloverは転移神経症が発展したあとにだけ転移が広範に存在するようになると述べている,と機械的に読むのは誤りでしょう。彼は転移の性質が変化すると言っているのです。治療を進めている転移は,今ここの対象関係と同じ性質を持っていますが,転移神経症の転移は,症状形成と幼児神経症に関連しています。前者は自生的であり,後者は分析過程による退行のあとにだけ発展します。

Fenichel (1938-1939) は,Gloverがしたようには転移と転移神経症とを明確に区別していません。しかし彼は,今の分析の場に特異的ではない,一貫した固い性格態度と狭義の「転移状況」とを対比しています。後者は「過去のある時点で,ある特定の人物に患者が反応したか反応したかったその態度で,分析家に浮動的かつ特異的に反応するの」です (p.67)。

Loewald (1971) の転移と転移神経症との区別はFenichelと同様です。彼は転移を「過去の病気からの,本質的に自動的な反応,サイン,症状」と記述し

ています。一方,転移神経症は「分析家と患者とによってなされた分析作業の創造物で,その中で過去の病気はその孤立的で自動的な性質を失い,生き生きした応答過程として,そして変化するもの,変化できるものとして,再活性化され,理解できるものになる」と記述しています (p.62)。

転移概念を分析の場の外部に適用できるか,という問いも同じ区別のテーマです。すなわち,他の人に対するのと同じもので分析治療のはじめから存在している患者の態度と,分析家にたいして特異的で分析状況によってもたらされる退行の結果に限って発展する態度との区別です。ことは定義の問題なのです。Freudは明確に,治療の場の外の生活上の人物への過去からの置き換えを,彼の転移概念に含めています。それにもかかわらず,転移概念は治療の場に堅固に結びつくようになってきているので,「転移外 (extra-transference)」という用語は「非転移 (nontransference)」よりむしろ「治療の場の外 (outside the therapeutic situation)」を意味します。そのため,転移外は,より広い定義での転移のこともあれば,非転移のこともあるのです。

患者が人と関わる習慣的なあり方は,患者の連想においては必ずしも明白ではない,と認識しておくのは重要です。患者は,自身の疑り深さ,傲慢さ,こびへつらい,あるいはどのようなことであっても,それらに部分的に気づいているだけです。Gloverはこれらの習慣的な態度を「自生的」と呼びましたが,それは,そうした態度が明白に気づかれるからではなく,分析治療の最初から自生的に表れるからであり,治療の進展とともにのみ表れる,分析家や分析過程との特定の関係のなかで発展するものとは違うからです。もし習慣的な態度に気づくようにするつもりなら,転移神経症の密かな態度にたいしてまさにそうするように,解釈を必要とします。Wilhelm Reich (1933) の「性格分析」はまさにそのような自我親和的態度の解釈を述べています。実際,彼の業績は,もし分析治療が分析家との特定の対人関係的相互作用へと,すなわち転移神経症へと進むのなら,自我親和的態度は自我違和的なものにならなければならないことを示したことです。

分析治療の成功には転移神経症が必要な要素であるか否かについて,分析家の間では少なからぬ論争がまだ続いており,このことは「**アメリカ精神分析学雑誌**」の最近号における,この問題についてのさまざまに異なった意見によって明らかです (Blum, 1971; Calef, 1971; Harly, 1971; Loewald, 1971; Weinshel, 1971を参照)。このことはもっぱら,転移神経症ではなく,転移解

釈の中心的な重要性を意味しています。

　Glover（1955）は，多くの例で転移神経症は発展しない，にもかかわらず分析治療が治療的に成功している事実がある，という見解を述べています。ここで彼が言っているのは，分析されていない転移に基づいて表面的に治療が成功した事例のことではありません。彼は，陽性と陰性の両方の自生的な転移を示すけれど，「けっして**転移神経症**に陥ることはない」神経症患者のことを指しているのです（p.46）。Glover（1955）の意見の中には，「典型的な転移神経症がすべての事例で発展するという見解は，理論上も眉唾であり，実際の体験にも反している」とあります（p.114）。

　彼は，転移神経症の徴候がないまま分析治療がだらだら続くことこそが，それ自体，転移神経症のサインであるという議論を受け入れていますが，これは限られた一部の場合にのみ真実であると見なしています。ここで彼は，費用がかかり，まったく明らかに行き詰まっているにもかかわらず分析治療を続ける患者の例に言及しています。Gloverによれば，「一個の『神経症』と見なされるのに十分なほどに強い，アンビバレントな転移という概念だけが，この注目すべき現象を適切に説明できる」（p.115）。このいくらか曖昧な言及はおそらく，主に防衛の転移が存在する状況について述べていて，この防衛の転移は，たとえ幼児神経症の反復という通常の意味での転移神経症でないとしても，分析家にたいして十分に特異的で，分析状況の一つの結果です。Gloverがそれを転移神経症と呼ぶことにしたのです。

　わたくしは，主に衝動の転移か，主に防衛の転移かのどちらかが，転移神経症が発展することへの抵抗として機能しうる，すなわちそのどちらかが，幼児神経症の新しい版となり，分析家への特異的で退行した関わりに対する防衛として機能しうる，と提案します。わたくしが言っているのは，分析治療の最初から，分析家は関わりの明らかな欠如か，あるいは外部の人物に向けられているのと同じ，はなばなしい転移願望を向けられるものであり，それらは幼児期葛藤の形で分析家と特異的に関わること，に対する防衛なのだということです。Loewald（1971）はそのような一事例を記述しています。その中で，発生論的な転移解釈のデータを持っていたにもかかわらず，彼が転移解消への抵抗として扱ったものは，転移に巻きこまれることへの抵抗，として扱われるのがより適切であった，と彼は認めています。

　Loewaldは，転移神経症は沈黙したままのことがありうる，と示唆してつぎ

のように論を進めています。

　十分に発達した転移神経症によって表されるような，ある決定的な関与は，決してあるいは明確には分析治療の中に生じてこないこともある。にもかかわらず，生じたことの影響が予想よりも深く，遠くに及ぶ結果になることもある……その解消に向かっての重要な前進が，患者と分析家に気づかれないかもしれないし，形をかえてコミュニケートされることもないかもしれない。転移神経症は，決してすべての例でいつも明確に見えるわけではない。大部分は，その影響を必ずしも失うことのないままの，沈黙の過程となる。分析の全過程で，分析家との明らかな情緒的な関わりから距離をとり続ける患者もいる。その患者では，分析作業は大部分，転移の舞台からかなり離れた場所で起こるのである　[1971, pp.65-66]。

　わたくしは，Loewaldの見解に賛同しません。彼の見解は，転移神経症が展開しないこともありうる，というGloverの見解とは異なったものです。なぜなら，Gloverはそうした例において，自生的な転移との作業の寄与を見ているのに対し，Loewaldは，「転移の舞台からかなり離れた場所で」起こる分析作業について述べているからです。顕在的な転移と過去との結びつきが見つけられない分析治療，もあるかもしれませんが，わたくしは，それらには「分析家との明らかな情緒的な関わり」がまったくなかったのなら，得られたどのような改善も，未解消の転移に基づくものだったに違いないと思います。
　転移と転移神経症との区別，そして願望の転移と防衛の転移との区別について考察したことによって，わたくしは転移の遍在性の問題のいくつかをより明確に述べることができるようになりました。第一に，転移神経症の発生は，幼児神経症に関連した転移が今表出を見出したということであり，転移が患者の連想を支配するのは転移神経症の中でだけではない，ということが容認されるならば，転移は——患者の転移外の関係性を決定するものと同じ種類ですが——遍在していて，最初から患者の連想を支配していると言えるのです。第二に，願望の転移だけではなく，防衛の転移も転移であると認められるならば，転移は遍在し，最初から存在するという公式化が妥当であることが，ふたたびより明白になります。転移の遍在性についての各人の見解を決定する三番目は，その人が，転移が分析状況の中での行動によってどの程度演じられると考えているかです。私はすでに第3章でこの問題を論じています。

早期の転移解釈

　転移の意味の遍在性について考察するにあたって，わたくしは，わたくしが提案した，分析作業を促進する転移——人によっては，適切で現実的な態度と同じであると誤って見なされる真の転移——と，抵抗に奉仕する転移との区別に言及しました。わたくしは，治療にとって有益に解釈しうる遍在している転移は抵抗に奉仕する転移であると述べました。

　しばしば引用される，早期の転移解釈に対するFreud（1913）の警告は，促進する転移と抵抗に奉仕する転移とを区別しています。彼の公式化は，たとえ転移が常に存在しているとしても，転移は必ずしも抵抗に奉仕するものではなく，そうなるまでは触れないでおくべきである，と示唆しています。彼は「**患者のコミュニケーションや考えが何の停滞もなく表れ続けるかぎり，転移のテーマには触れないで置くべきである**。われわれはすべての手続きのなかでもっともデリケートなものである転移，が抵抗となるまで待たなくてはならない」（1913, p.139）2) と強調しています。

　Freudの区別についてのより明瞭な意見は彼の「精神分析入門」に見出せます。

　　私は，転移は分析治療の初めから患者の中に起こっており，しばらくの間は治療の進展にもっとも強力な動機である，ということを明らかにすることから始めなければならない。転移が分析治療の共同作業のために作用している限り，その影響は少しも気づかれないし，そのことを気にする必要もない。もし転移が抵抗へと変化するなら，われわれはそれへ注意を向けなければならず，2つの異なった，相反する条件のもとで，転移が治療との関係を変えたことを認識せざるをえない。それは第一に，情愛傾向がとても強力になり，その起源が性的欲求にあることの兆候がはっきりと示されて，必然的に，それ自身への内的な対抗を引き起こしている場合である。そして第二には，転移が情愛衝動ではなく敵対衝動で成り立っている場合である［1916-1917, p.443］。

---

2) この英訳は誤解を生みます。これは「すべての手続きのなかで，もっともデリケートな手続き［すなわち転移の操作］は，転移が抵抗となるまで控えなくてはならない」と読むべきです。

「分析治療の共同作業のために作用していて」それ故「触れないで置くべき」転移は，抵抗とはならない陽性のすなわち促進する転移であり，一方，分析されなければならない転移は転移抵抗です。すでに見てきたように（22頁），Freudは促進する転移と転移抵抗とを対比して明確に定義しています。患者が分析家のコミュニケーションを活かせるようになるのは，「強い［陽性の］転移が確立した」後だけです（1913, p.144）。陽性転移は，起こりつつある転移抵抗との作業のための基盤や「力の源」を提供します。このことは，Freudが転移解釈は転移抵抗向けに保留しておくようにと強調したことと一致しています。

Freudは，転移抵抗は分析治療のまさに初めから存在しうることを示していますが，彼が提示した例は，沈黙のような非常に巨大な抵抗です。Muslinとわたくしは，早期の転移分析についての論文で，Freudが自身の公式化の基礎にした分析治療のモデルは，自由に語る患者を転移抵抗から自由な患者であるとの誤認に基づくモデルである，と結論づけました（Gill and Muslin, 1976）。それに比して，わたくしたちの考えは「抵抗のように，密かに転移に関連しているものは，事実上，転移抵抗として治療のどの段階にも存在しており，そして解釈はいつなされるべきかについての判断，というよくある論点に関連するのだが，たとえ分析治療の初期であっても，それらが現れたときには解釈すべきである」というものです（pp.792-793）。言い換えると，自由に語る患者においてさえも，顕著な促進する転移に加えて，転移抵抗は存在するでしょう。抵抗にたいする解釈が優先される，という一般原則を堅持して，わたくしたちはこの転移抵抗は解釈されるべきであると論じています。

Stone（1973）は同じ意見を述べています。「時間が経過し，洗練さが増してきてはじめて明らかになるのだが，連想内容が滑らかで，生き生きとさえなり，実際，ある方向への内容の『関連性』をもつことが，解釈を過度に従順に受け入れることと同様に，種々の抵抗を隠しつつ遂行するのである。それはこのような「良いおこない」で表現されているが故により強力な抵抗である」（p.46）。

ここでわたくしたちは，1923年という早期にFerencziとRankが，特に分析治療の開始近くでは，強力な陽性転移は正体を暴かなくてはならない抵抗の一兆候に過ぎない，と書いていることに注目しましょう。この意見は，Wilhelm Reich（1933）の転移の早期分析の方法の先駆と見なせます。彼もまた，早期

の陽性転移は「正体を暴かれ」なくてはならない，と言っています。

　実際，何年にもわたって，多くの分析家が転移分析を早期に始めるように推奨してきました。たとえば1946年に，Sylvia Payneは分析技法における進歩について次のように記述しています。「それが目指しているのは，ごく初期の機会に転移解釈をおこなうこと，個人的な関係への言及が生じたときにはいつでも，転移解釈を組織的に使用すること，できるだけ早く，対象にたいして転移神経症の操作を始めること，である」(p.14)。Payneは「個人的な関係」という言い回しによって，転移外の関係を意味しているとわたくしは思います。言い換えれば，彼女は，分析家は分析の始まりから，このような転移外の関係を転移へのほのめかしとして解釈する，と言っているのです。

　さらに最近では，Brenner (1969) が，早期には転移を分析すべきではないという公式にたいして，断固たる異議を表明しています。彼は，「明らかに抵抗に奉仕する」転移の表出だけを分析すべきであるという主張には，実践上も理論上もなんの根拠もないと述べています。彼は「反対に，他のあらゆる分析素材の場合と同様に，転移は扱われ解釈されるべきである。つまり，転移が現れて，他の素材と関連したそのときの重要性に応じて，ということである」と論じています (p.337)。Brennerは，そうした誤った方向へ導かれた教えは，Freudが，抵抗解釈の必要性に比して，最初の抵抗を克服するための陽性転移に，過度の役割を与えたことに従ったからである，と説明しています。しかし，Brennerの意見は完全に明確というわけではありません。なぜなら，たとえ「明らかに抵抗に奉仕して」いなくても転移は解釈されるべきである，という言い回しで彼が何を意味しているのかわからないからです。

　Stone (1973) の意見は，ここでのBrennerの意味の解明に役立つかもしれません。Stoneは，古典的な見解は修正されうると示唆しています。「明らかな抵抗になるまで転移を解釈しない」という代わりに，そのときには解釈は**必須なものになる**，と強調すべきです (p.59)。しかしその以前においてさえStoneは以下の提案をしています。「[転移に] 気づくことへの抵抗は解釈されなければならない，そしてその内容に気づくようにしなければならない，それは分析家が，分析家の人格へのリビドー的あるいは攻撃的な備給が，経済論的見地からみて，分析状況ならびに／あるいは患者の日常生活状況のダイナミクスに影響するに十分な現実となっている，と見なしたらすぐさまそうすべきである」(p.59)。Muslinと私も，必須な解釈と随意な解釈との間に同様の区別を

しています（Gill and Muslin, 1976）。

　解釈することが必須である明白な抵抗，という言い回しによって，Stoneが意味しているのはおそらく，転移抵抗が明白な状況，あるいはかりに言語化されていなくても，沈黙のような非常に巨大な抵抗を生じさせている状況のことです。Stoneが示唆する他の種類の解釈，たとえつけ足しとしてでもするのが望ましい解釈とは，これもまた，わたくしが転移に気づくことへの抵抗の解釈，あるいは転移の間接的なほのめかしへの解釈と呼んでいるものと同じです（第2章を参照）。

　Zetzel（1966-1969）も，分析状況への早期の言及は避けるべきであるという主張に異議を唱えています。彼女は，「後になっての転移分析での深刻な問題はしばしば，治療の初期段階で，適切な言語的介入によって安定した治療同盟を築けなかったことによる」と信じています（p.205）。しかし後に示すように，「適切な言語的介入」という言葉によって，彼女は必ずしも転移解釈を意味しているわけではありません。

　早期の転移解釈に対する禁止，の現在の定石は，実は「治療同盟」が確立されるまで待つべきである，となっています。後で論じるように，この公式化の，治療同盟の概念は，Freudが抵抗とはならない陽性転移と呼んだものを擁護しています。Rangell（1968）はこの見解の例を挙げています。彼は，分析治療の開始時に，さまざまな種類の妨害情報を分析家がどのように受け取るのかを見ることで，いかに患者が分析家をテストするのか，を描写しています。しかし彼は，この早期の相互作用がそれ自体「転移の置き換えあるいは歪曲」を引き起こすとは信じていません。そのかわりに，彼はこのテストを，「現実としての分析家の地位と分析家の特性を確立するための」患者の試みであると考えています（p.21）。Rangellはさらに続けて，開始時におけるこの「現実」育成作業によってのみ，分析家は転移の歪曲を効果的に解釈する作業に進める，と示唆しています。彼は脚注で詳細に述べています。

　　次のように論じることは妥当である，すなわち技法的な意味では，転移は最初に出会った時でさえすでに現れていると，そしてここで記述したテスト行動は，無意識的な幼児期の源泉から置き換えられた，生来性の疑惑を早くも表しているのかもしれない，と。しかし，テスト行動は同時に，「見知らぬ人」を前にした警戒状況では適切な，自我適応的行動であり，置き換えられた転移神経症の現象ではまったくないと見なし得る，という反駁もありえる。もちろん，両方の反応のタイプが一緒に起こるこ

ともある [p.21n]。

　どちらかが起こるよりむしろ,「両方の反応のタイプ」が「一緒に起こる」ことが本書を通してのわたくしの立場ですし,そしてわたくしは,転移と現実的な態度とがこのように区別できずに織りあわされていることを,現実状況を転移的に作り上げたものとして概念化しています。

　むろん,早期の稚拙な転移解釈は同盟の妨害になりますが,それはFreudが,患者が葛藤を起こしている当の相手に軽率に肩入れすることによって陽性転移を危うくさせることがありうる,と示していることです (1913, p.140)。しかし,早期の解釈だけではなく,おそらくどの解釈も,患者がそのときに有益なものとして聞くことができるように考慮しなければなりません。Zetzel (1958) のヒステリーの精神分析における治療同盟についての発表への応答で,Grete Bibringは,Zetzelの論文によって引き起こされた混乱について,次のように述べています。「転移を感知し,取り扱い,管理するために,最初の二,三時間を強調することが,分析治療全体にまで広がっています」(Leach, 1958, p.565)。これには同意するしかありません。強調され続けなければならないのは,稚拙な解釈は同盟を妨害するかもしれませんが,早期の適切な転移解釈は,同盟を育む最適な手段であり,不可欠でさえあるかもしれない,ということです。

　そこでわたくしは,Freudの早期の転移解釈への警告は,表面上は自由に連想する患者における転移抵抗の表出,をFreudが認知しそこねたことによるものである,と考えます。わたくしはまたBrennerに同意して,Freudは抵抗に打ち克つために,適切な転移解釈ではなく,陽性転移の役割を強調しすぎたと思います。わたくしは,必須のものというよりはつけ足しのものですが,早期の転移解釈はしばしば望ましいものであること,そしてFreudのそれへの戒めは,もはや維持されるべきでないと提案します。わたくしは,彼の戒めもまた,転移分析が持っているべきであるとわたくしが信じている中心的役割,を転移分析に与えなかった彼の失敗,を反映していると考えます。早期の転移抵抗と後の転移神経症とを区別できるという事実は,その初期を含め,分析治療を通して転移解釈が第一義である,という原則を妨げません。

第6章

転移はすべて分析の場の現実と関連している

　さまざまな著者たち（たとえば，Kohut, 1959；Loewald, 1960）が強調してきたのは，**夢判断**（1900, p.562）に見られるFreudの「転移」という用語の初期の用い方は，転移は現在とまったく結びつきを持たないで表現されうる，という誤った考えを表しているということです。この初期の文脈において，Freudは「転移」を，ある無意識的な考えがそのままの形では表出できず，何らかの前意識的あるいは意識的な内容と結びつく形でしか表出されない場合を指す用語として用いています。Freudがそのとき関心を持っていた現象——すなわち夢——の中では，転移はある無意識的願望が日中の残滓物と結びついて出現するのです。この定義を拡張すると，日中残滓物が夢の願望が結びつく部分であるのとまったく同様に，分析状況の残滓物（Freudはそのような用語を用いていませんが）が転移（ここでは今日の厳密な定義で用いています）が結びつく部分である，ということになるに違いないと言えるでしょう。夢と日中残滓物との関係と，転移と分析状況残滓物との関係の相似は，Schmideberg (1953)，KohutとSeitz (1963)，Bordin (1974) そしてBergmannとHartman (1976) によって気づかれています。
　治療関係を患者がいかほど過去に基づいて体験し，いかほど現在に基づいて体験するかの割合はとてもさまざまであり，かつ分析治療において刻々と著しく変化するものです。ですから，ある態度が過去あるいは現在のどちらかだけによって決定されているという考えは非現実的です。このことは特定の対人関係状況に適切に適応している態度についてもそうです。なぜならあらゆる行動は精神内界に表象されている過去に基づいているので，表面上は同じに見える適応的な行動でさえ，それぞれのニュアンスはそれぞれの過去を反映することになるからです。他方，現実からまったく無関係になることはほとんど不可能なので，あらゆる行動は，現在におけるある「刺激」と何らかの関係を持っています。その刺激がどのように特異なうけとりをされようともです。荒廃化し

た統合失調症でさえ，現在の状況に何らかの反応をします。どんなに不適切な行動も，現在と何らかの関係を持っており，逆にどんなに適切な行動も，過去と何らかの関係を持っているのです。

　分析家はいつも，種類についても強度についても，自らの行動を制限してきました。分析家の行動にたいするその患者固有の解釈，によって患者の行動が決定される程度を増加させるためです。おそらく主に，転移が自分たちの行動によってできるだけ影響されないようにするために，分析家たちは，Freudがおこなっていたのと比べ，自分たちの行為をなお一層制限してきたのです。

　しかし分析家がいくら自分の行動にそうした制限を加えようとも，分析状況という場そのものが，患者に転移反応を生じさせる根拠になる，無数のきっかけを提供します。言い換えると，現実的状況を消滅させるなんてできないのです——そして分析状況こそ現実です。患者の反応決定における，現実的状況の役割を何とか縮小させようと懸命になると，この自明の理が簡単に忘れられてしまいます。Freud自身，寝椅子を使用する理由のひとつをあげている際に，この点を見落としているようです。「しかし私は，この手段［寝椅子］を主張する。なぜなら，この手段の目的と成果は，転移が患者の連想内容と微妙に絡み合ってしまうことを防ぎ，転移を切り離し，転移がいずれ抵抗として明らかな形をとって浮かび上がるようにさせることにあるからである」(1913, p.134)。転移が現実状況と絡み合わないままでいることはできないのですが，Freudはここで，現実状況からのきっかけが少なければ少ないほど，転移は現実から解放されやすいのだ，と言っているようです。

　転移解釈作業とは，現実としての分析家を分析状況の中に押し込むことである，という議論は，分析家とはまさしく反射する鏡でしかあり得ないという誤った観念のいまだに残っている残余物です。分析家の現実的な影響を否認しようとする努力は，影響を見ないようにしてしまうだけであり，分析家の現実的な影響は理解されないままで影響しつづける結末になるのです。

　Bordin（1974）は，この状況のことを巧みに述べています。「完全に真っ白なスクリーンなどありえない。この観念についてもっとも厳密に記述した文言でさえ，分析家の人格の部分的な手がかりを完全に取り除くことはできない。患者は，分析家の人格の手がかりを探し求めて，分析家の装飾の趣味，蔵書や購読雑誌，歩き方や話し方，声の抑揚，衣擦れの音がするタイミング，身体的な姿勢の意味ありげな変化，そして，もちろん，外見に注目するのが常である」

(p.13)。

　患者に提供する現実的な手がかりを消失点にまで減らせる，という幻想を分析家が抱き続けるなら，分析家は一種の沈黙の隠退姿勢に入ることになるでしょう。この構図は，患者とのどのような人としての関係をも実際に拒否する分析家，という戯画とほとんど同じです。（ここでわたくしは『人としての関係』という用語をLipton［1977a］の言う意味で，すなわち分析家の技法的介入と区別するために用いています）。

　Lipton（1977a）は，反応をしない分析家は，患者を本来の患者よりもさらに自己愛的な人にさせてしまうだろう，なぜなら患者は対象関係の機会を現実に与えられないことになるから，と示唆しています。Namnum（1976）も同様の考えを述べています。彼は「転移は人間的なそしてある程度は相互的な関係という環境の中で発展できる」（p.111）と主張しています。Freudは分析家の側のどのような「自発的参与」も禁止しようとしてはいない，とNamnumは言います。実際，Namnumは，完全に匿名でいようとすること，すなわちまったくの禁欲は転移分析を妨げさえするだろう，と主張しています。良い「作業関係は分析作業そのものによって促進され，中立性と対立しない真の人としての関心によって遂行される」（p.115）。

　応答のテーマについてさらに明確にしようとしてLipton（1977a）は，聴いている分析家と沈黙している分析家とを区別しています。沈黙している分析家は，沈黙を技法上の工夫と見なしています。彼が沈黙しているのは，聴いているからだけではなく，沈黙によってある特別なメッセージを伝えようとしているのです。それは患者の連想があまりに瑣末的あるいは同じことの繰り返しなので反応しないよ，ということです。たとえ分析家のこの意図が患者にとって曖昧であってもです。もちろん，患者によって聴いている分析家が沈黙している分析家と誤解されることもあります。

　Glover（1955）は，沈黙している患者にたいして沈黙する，という広くおこなわれている手段の危険性について明確に述べています。「沈黙にたいしていつも沈黙で応えるのは，沈黙の戦いに誘うようなものである。それは，分析治療はポイントを得ることによって解決されるある種の心理的なボクシングのような出会いである，という考えを持っている頑固なすなわち攻撃的なタイプの患者に，彼らの確信を強めさせることになる」（p.99）。実際，Gloverが指摘するように，分析治療を互いの意志の競争，にしようとして否定的な転移的態度

を示すこうしたタイプの患者にたいして，明確な直面化をする必要があります。

沈黙して受け身的でいる分析家のスタンスというこの型を，どれほど多くの分析家が実行しているのか知るのは困難です。分析家のスタイルにも流行があるのです。今日の分析家は，1955年のGloverの印象を読むと驚くことでしょう。すなわち「今日，分析家は以前と同様の持続的で受容的な方法で聴くことが少なくなっている。そして，なんとか口実を設けて……分析治療の初期段階においてさえ，より頻繁に多くの解釈をおこなう」(p.96)。

沈黙している分析家に対する患者の態度は，すべて転移というわけではありませんし，現在の状況からのあらゆる影響を免れているわけではありません。患者の反応を分析すると，分析家の沈黙が今の刺激となっていて，それにたいして患者は多かれ少なかれ過去の経験によって決定された，もっともらしい態度によって反応していることが明らかになります。このような態度の範囲は，沈黙している分析家を慈愛に満ちた全知の人と見なすことから，サディスティックに抑制している人と見なすことにまで及んでいます。こうした態度は，汚染されていない転移態度ではなく，沈黙という現実に対処しようとする努力を含んでいます。このような状況を理解するには，こうした転移態度を明らかなものにするだけではなく，分析家自身の沈黙がこうした態度のもっともらしい説明になる，と患者は考えていることを認識する必要もあります。

過度の沈黙についてのBrockbank (1970) の優れた批判は，引用の価値があります。彼は，患者は分析家の沈黙から「思わず洩らした解釈」を引き出すと結論し，沈黙は中立性を促進させるよりも覆させると示唆しています。「思わず洩らした解釈」に付け加えて，彼はそうした引き延ばされた分析家の沈黙は，患者の「催眠準備性」を強化すると見なしています。ここでBrockbankは分析家からのあらゆるコミュニケーションの衝撃力が強くなることについて言及しています。

沈黙している分析家は，暗示が非常に重要な役割を果たす分析治療の準備をしているのである。こうした場合，患者は分析家に，分析家が求めているからそうする，という形で素材を提供することになりがちである。それはどの解釈にも避けがたく備わっている暗示という要素のためである……。患者は，実際，分析家の沈黙のせいで，催眠状況の状態と同様の過度の被暗示性状態に置かれる。その結果，患者は分析家に養われ，愛され，評価されるために使用できるなんらかのヒントや手がかりを待ち望むようになる。このようにして，過度の沈黙は，分析的中立性を破壊し得る汚染とな

ることがある［p.459］。

　彼はある興味深い事例を記述しています。患者は，非常に詳細に，繰り返し，執拗に話をしたときに，そして分析家がまったく沈黙していたときに，きわめて素晴らしい分析治療の時間を過ごしたと感じたのです。Brockbankはこのことを，患者が分析家との現実的関係のもたらす苦痛とストレスを回避したと理解しています。

　どのくらいの沈黙が「過度の」沈黙になるのか疑問かもしれません。明らかに，その答は量についてではありません。むしろそれは沈黙の目的の中にあります。もし，Lipton（1977a）が言うように，沈黙が患者に影響を与えるための一つの技法として用いられ，たんに分析家が聴いているから沈黙しているのではないのなら，それは過度の沈黙です。もちろん，患者のもたらす僅かなヒントから性急に解釈することも，患者の態度に影響する治療者の行動です。今一度繰り返しますが，分析家は何もしないでいることは不可能なのです[1]。

研究としての分析状況の限界

　転移は「汚染」されないで表現されうる，という考えの亜種は，研究としての分析と分析状況のデータに基づく研究との混同です。Freudが分析の遂行には研究と治療が結びついていると述べて以来，分析家たちは，自分たちの分析体験の報告は研究になっていると信じ続けてきました。Freudが次のようにも述べていることを思い起こすべきです。すなわち「われわれの仮説の正しさを支持する」証拠は「われわれの治療では曖昧であり」，他のところに探すべきである，なぜなら「治療実践は理論的調査と同様には進められない」（1910b,

---

1）分析家の参与は避けがたい，というこのテーマの別の見地からの興味深い例は，転移は患者から自発的に生じるとする見解，へのMacalpin（1950）の反論に見られます。彼女は転移を，患者が退行するというやり方で分析状況の幼児的設定に適応することと見なしています。彼女の貢献は曖昧になっているかもしれません。それは彼女が治療設定の議論を，被分析者を強制的に幼児状態に退行させる，と彼女が見なす側面だけに限定しているからです。そのうえ，わたくしがしたように，分析家のすることはすべて転移を決定する上である役割をはたす，という事実を強調するのではなく，彼女は分析家の行動を，分析状況という観点だけに限定し，対人関係的側面を無視しています。

p.142)。

　ある種の活動だけが研究と呼ぶに値する,と主張するのは愚かなことですが,ある分析家の事例報告と分析的交流のデータに基づく体系的な研究とを,区別することは重要です[2]。後者は前もって仮説を立てることや,再現可能なデータの収集法の確定や,臨床的変数が含まれる場合に,独立した複数の判定者による評価が要求されますし,そして論理原則に基づいた,結果の査定が必要です。これは統計的な形式を取ることもあれば取らないこともあります。

　自然科学の研究モデルにある程度影響を受けて,そして分析状況での唯一可能な種類の研究は分析治療の実践家が自らの事例についておこなうものであることを考慮して,分析家たちは分析の場を介入によって汚染されないものにしようとします。「本質的に研究的で非指示的な分析家の態度」について記述して,Greenacre (1954) は以下のように述べています。「過去から生起する記憶を明確に反映させるために,分析の場を純粋に保つ必要があるのは,外科手術の場を汚染させないようにすることや,顕微鏡のスライドに異質物が入らないようにすることとまったく同じである」(p.681)。

　身体医学における研究に似せようとすると,患者の素材は分析家によって影響されることのないようにして産出されるべきであるという結論になります。この論法は,分析家が介入を最小限にしようとする動機となる,他の原動力をすべて強めます。今一度言いますが,この論法の誤謬は,分析状況そのものは排除不能な相互作用から成っているという点です。Loewald (1970) は,自然科学における距離を置いた観察者としての研究者の役割と,分析状況における参与者としての分析家との差異を,広範に議論しています。

　対人関係的相互作用は不運な妨害であり複雑化させるものである,という感情が分析家たちの間に根を張っています。理論一般においてあるいは特に技法論において対人関係的相互作用を強調することは,対人関係的視座は精神内界の心理学への精神分析のユニークな貢献,を貶め脇に押しやってしまう,という不安と恐怖とを掻き立てます。対人関係的視座と精神内界的視座はなぜか拮抗するものと考えられています。そう考えてみてはじめて,Rangell (1968) のような観点,すなわち分析家との同一化が分析過程で大きな役割を果たすという考えを拒否し,患者は分析家の分析的諸機能にのみ同一化するという観点

---

[2] この区別の明確化は,Hartvig Dahlとの討論に負うています。

の説明になるようにわたくしには思えます（p.25）。

25年以上前になされたAnna Freud（1954）の発言は，今日の多くの分析家の感情をいまだに搔き立てるように思えます。彼女はStoneの分析状況の「現実の個人的関係」と「真の転移反応」との区別に言及しています。彼女の見るところ，多くの分析家は，転移，すなわち「分析家に対する空想的関係」は分析治療の開始時から治療を支配していて，終結になって初めて現実の関係が表れる，と考えているのです。それと対照的に，彼女は，少なくともほとんどの神経症患者では，逆の順序が真実だと信じます。

　　患者は分析家に対する現実的態度を持って分析治療に入る。それから転移が勢いを得て，転移神経症が開花するピークを迎えるが，それは分析的に治療されねばならない，その結果分析家の実の姿が再び姿を現すのである。しかし，これは重要だと思うのだが，患者が人格の中に健康な部分を持っている程度に従って，分析家に対する現実的関係が完全には失われない。転移に関してはそうあるべききわめて厳密な処理と解釈がおこなわれているが，分析家と患者はともに二人の現実の人間であり，対等の大人であり，お互いに現実の相互的人間関係にあると認識する余地をどこかに残しておくべきだと思う。この点へのわれわれの，ときにまったくの無視が，われわれが患者から向けられ，そしてそれを「真の転移」とだけ見なしてしまいがちなある種の敵意反応を生むのかもしれない。しかしこうした考えは，技法上は混乱惹起的であるから，「注意深く扱われる」べきものではある（p.373）。

なぜ「混乱惹起的」なのでしょうか？　現実の関係を認識しておくことに伴う，「注意深く扱われるべき」危険とは何でしょうか？　現実関係を心に留めることはどのように「転移のきわめて必要で厳密な処理と解釈」の邪魔になるのでしょうか？　現実関係を認識することが，転移のそうあるべききわめて厳密処理と解釈の，必要な一部であることにはならないのでしょうか？

精神内界的な面と対人関係的な面との関係の問題は，転移分析にたいする意味よりも，もっと幅広い意味を精神分析理論にたいして持っています。精神分析は行動の対人関係的決定因よりも行動の精神内界的決定因を過度に強調する，としばしば見なされています。精神分析的精神療法と行動療法についての著書の中で，Wachtel（1977）は精神内界モデルと対人関係モデルとの差を明確に記述しています。精神分析理論は両方のモデルを有していますが，精神内界的な面を強調しがちなのは事実です。純粋に統合的に考えるのなら，行動は

両方の種類の決定因が結合した結果だと認めることになるでしょう。人は世界を自分の精神内界のパターンが指図するように見るだけではなく，事実かどうかを評価して見ています。さらに，2種類の決定因は相互に影響し合います。精神内界のパターンが，パターンに符号する外的世界の諸側面，に選択的に注意するように決定をするだけではなく，人は，自分の行動への外界からの反応が自分の持っている観点を確かなものにする可能性，が高くなるように振る舞うのです。この外的世界からの承認，は次にはその精神内界のパターンの維持に必要となるのです。この最後の洞察を精神分析理論はしばしば無視し，その代わりに，外的世界を十分に参照しないで精神内界のパターンを維持するような内的圧力を前提としているのです。Piaget理論の魅力の一つは，同化と調節という彼の2つの過程の公式化が，上記2つのモデルの統合だからです。外的入力は既存のシェマに同化され，しかしこれらのシェマはまた入力を調節するのです（参照Wachtel, 1980）。

　精神分析の独自な貢献は，精神内界的決定因の力とそれが持続することの証明にあります。しかしそれらの決定因は，対人関係的文脈の中で表出されるものなのに，そこから引き離されて取り扱われると，たんなる人工的な抽象物になってしまいます。

現実の分析状況について，合意された用語がない

　Freudは分析状況の現実的側面を当たり前のことと見なし，話のついでに触れるだけだったので，こうした現実的側面についての合意された用語はありません。Freud（1913）が「ラポール」と呼んでいるものが，現実状況で重要な決定因になっているにちがいないのは確かなようです。それでもFreud（1925, p.42）が，転移は「医者の働きかけがなくても」発展すると書きえているのは，患者にたいする分析家の現実の行動を重視していないことを示唆しています。そもそも，分析家の現実の行動が適切なのは当たり前だ，と見なしているのです。彼はこうして，分析理論と技法において分析家の現実的な行動を重視しないままのモデル，を作ったのです。

　Freudが分析家は適切な現実行動をとるのが当たり前だと見なし，現実状況の性質にきちんと焦点を当てることができなかった重要な理由は，彼はこれら適切な現実態度を変化の作用因子と考えていない，つまり変化を引き起こすた

めにそうした態度を意図的に使用するように，薦めていないことにあると思います。それどころか，彼は陽性転移から生じる変化を，単なる暗示だと明言しています。暗示は，彼が分析治療に特有と考えていなかったものです。「非常にしばしば転移はそれだけで，疾患の症状を取り除くことができるが，それは束の間であり転移が存続している間だけにすぎない。この場合の治療は暗示による治療であって，全然精神分析ではない」(1913, p.143)。しかしながらFreudは，分析家の方の当たり前である適切な態度からの逸脱，すなわち逆転移について明言するのです。

抵抗とはならない陽性転移は，分析家に対する患者の現実的な態度にすぎないという見解は，Freudが，患者に影響を与える道を開く情緒的因子，として陽性転移を非常に強調したことと明らかに矛盾します。そうした見解は，Freudが議論のために払った労苦を無視することになります。すなわち，陽性転移，つまり被暗示性が分析過程の中でこのように重要な役割を果たすとしても，精神分析は転移が分析されるという点で，他の暗示的な治療とは異なっているという議論です (1916-1917, pp.450-453)。そして実際，そうした見解は，そもそもFreudがこうした態度を転移と呼んだことの重要性を見落としています。

陽性転移という用語によって，Freudが，たんに現実的な関係を意味しているのでないことは，「終わりなき分析と終わりある分析」の次の一節から明らかになります。「分析治療中あるいは終了後の分析家と患者の良い関係が，すべて転移と考えられるわけではない。現実に基づいていて，存続できることが明らかな友好的な関係もある」(1937a. p.222)。同じ論文の後の方で，彼は陽性転移の以前の定義を再確認しています。すなわち「親愛なる態度……それは患者が分析治療という共同作業に関与するもっとも強い動機である」(p.237)。

分析家たちは，分析家の行動は当然，それに対する患者の適切な反応が共同作業に協力することになるようなものである，とするFreudの見解にほとんど従っています。しかし患者と分析家との間には，転移ではなく，患者の適切な反応が協力ではない，重要な相互作用がありえます。たとえば，もし分析家が患者を怒らせるようなことをし，そして患者が怒っているのなら，少なくともその怒りのある側面は転移でもないし協力でもありません。もし協力という考えをメチャクチャ拡大して，患者のあらゆる率直で適切な反応は，オープンで正直な関係を続けるための必要な要因なので協力的なのだ，と見なすことにな

らないかぎりです。われわれは分析家の側の不適切な行動を逆転移と概念化していますが、逆転移にたいする被分析者の現実的な反応、を何と呼べばいいのでしょうか？

被分析者の現実的な反応について考察する上で、彼らの情緒的側面と認知的側面とを区別するのがよいでしょう。すでに示唆しましたが、抵抗とはならない陽性転移を、単純にあるいは本質としては現実的なもの、と見なすのは正しくないのです。たとえそれが現実的で情緒的な態度というにふさわしく、また分析家の側の行動が適切であったとしてもです。また抵抗とはならない陽性転移という概念は、患者の現実的な態度の中の、今定まったばかりの認知的側面を含むこともできません。Freudは分析家にたいする患者の態度の中にある情緒的要因、をより重要な要因としてはっきりと認めているものの、患者の知的関心と理解、という言い方で認知要因にも触れています。1913年の技法論において、陽性転移の役割について検討した後で、彼は「もうひとつ別の治療要因」を指摘しています。「患者の知的関心と理解」です。しかし彼はそれに追加しています、「それはたえずその価値を失う危険性を持っている、それは抵抗によって判断が曇らされるせいである」(p.143)。

わたくしは、たとえそれらが概念的にのみ分離できるだけだとしても、分析関係の現実的側面と転移的側面を区別すべきだと思います。陽性転移は、たとえ現在の状況（分析家の側の適切な行動を仮定して）と一致するとしても、まずなによりも情緒的で過去に大いに根ざしているので、われわれはこれを陽性の——性愛の転移と反対の意味で——転移と呼び続けるべきだと思います。そして現実の分析状況にたいする適切な認知的態度の方は、「現実的（realistic）」と呼ばれるべきです。

最近まで、精神分析の議論の中で、現実的関係という考え方は、明白に焦点付けされた用語や概念としてはほとんど役割を与えられてこなかったのですが、ときどき言及されたり、多少言い回しの中で触れられてきました。Freudは自伝の中で、この用語を「現実 (actual) 状況」と言っています（1925, p.42）。しかし彼は現実状況について、「現実の (real)」という用語をもっと多く用いています。たとえば、「転移の力動性について」(1912a) の中で、彼はその陽性転移において父親イメージが決定的なものであるとしたら、「その結果は分析医に対する患者の現実関係と一致するだろう」(p.100) と述べています。そして彼は、転移抵抗が生じたとき、患者はいかに「分析医との現実関係を投げ

捨てる」か述べています (p.107)。1頁後で彼は，患者の「現実の状況を考慮しようとせずに，自らの情熱を行動に移そう」とする試みを記述しています (p.108)。「精神分析概説」における技法の要約で，Freud (1940) は，いかに「分析医と患者の弱体化した自我とが，現実の外的世界を（拠り所にしているか）」を述べています。

　文献の中にも，現実的関係について簡単に言及しているものが見つかります。たとえばAlexander, Frenchなど (1946) は，分析家にたいする患者の反応のすべてが転移反応というわけではないと述べています。分析家の現実の性格特徴や行動への適切な反応もあるというのです (p.72)。同様に，Stone (1973) は，「患者の自我は分析家にたいしていつも，さまざまな程度で，知覚された今の現実に基づいて反応する」と短く述べています (p.57)。

　Greensonは「患者と分析家の現実関係」(1971) という論文で，この問題に特に焦点を当てています。ここで彼は「現実の (real)」という用語を本当の (genuine) と現実的な (realistic) の両方の意味で用いています。患者─分析家関係の非現実的側面でさえ，結局は本当のものなので，「現実の (real)」という用語よりも現実的な (realistic) という用語を用いる方がよいというのです。GreensonとWexler (1969) はまた，分析状況における転移以外のすべての関係を包含するために，「非転移」という用語を導入しました。「非転移」は否定風に定義されているので，わたくしはやはり肯定風な名称である「現実的な (realistic)」を好みます。

　現実的関係について話すことで，わたくしは，絶対的な外部現実のある種の基準，を語ろうとしているのではありません。なによりも，分析家だけが判定者となる類の現実，の意味で言っているのではありません。むしろ，分析状況の二人の当事者の間で討議と「交渉」によって決まる，合意され妥当と見なされた実際の状況の概念，のことを言っているのです。

同　　盟

　Freudの転移についての諸論文は転移と現実的関係との区別を十分考慮していない，少なくとも明確には，という気分が増大して，そのせいでさまざまな種類の「同盟」概念が近年ますます導入されています。しかし「同盟」という用語の先例はFreudにあります。彼は次のように書いています。「分析状況は，

分析治療中の人物の自我とわれわれが同盟を結ぶことにある。それは統制されていないその人物のエスの部分を服従させるため，すなわちそれらを彼の自我の統合の中に含めるためである」(1937a, p.235)。ここで明らかなのは，**同盟**という考えは患者の態度に限定されているのではなくて，当事者双方に当てはまる関係についての記述だということです。われわれは患者の自我と同盟を結ぶのです。

　それでもわたくしは，さまざまな同盟概念は，患者の態度の現在の決定因と過去の決定因とを明確に区別する上で，抵抗とはならない陽性転移，の概念がなしたと同じ過ちを犯していること，を論じるつもりです。どの同盟概念もたんに現在と認知的決定因とを強調します，他方，抵抗とはならない陽性転移，は過去と情緒的決定因とを強調します。分析家の側の適切な行動，を現実的で当たり前のことと見なしているので，両方とも現実状況の綿密な検討を重視しないのです。

　Zetzel (1958) は，「治療同盟 (therapeutic alliance)」を「自律的な自我特性の動員を促す現実の対象関係」(p.186) と定義しています。彼女はこの概念の先駆形を Edward Bibring と Richard Sterba の論文に見出しています。精神分析の治療効果の理論に関するシンポジウムの中で，Bibring (1937) は分析家の態度と分析家が作り上げる「雰囲気」とを，患者にたいして一種の「現実―修正」を提供するものと考えています。彼は，「そこから安全感が生じる分析家にたいする患者の関係は，［分析］治療の前提条件であるだけではなく，患者の安全感をすぐさま強固にする効果をも持つ」(p.183) という考えを強調しています。Bibring によれば，この「すぐさま強固にする」のは，分析作業自体の効果ではありませんが，それが価値あるものになるためには，ある程度まで治療と「調和」されなければなりません。Sterba は，しばしば引用される彼の論文，「精神分析療法における自我の運命」(1934) の中で，分析家の現実的な分析機能との患者の同一化を強調しています。Bibring の視点は主として分析家に向けられ，一方，Sterba のは患者に向けられていることに気づかれるでしょう。とはいえ両者とも現実的態度を強調しています。

　そのせいで，治療同盟ということで Zetzel は主として今の現実的関係のことを言っていると思われるかもしれません。けれども彼女は，同盟の決定因を過去にも見出しているのです。実のところ，Zetzel は，Freud がおこなった抵抗の目的に奉仕する転移とそうではない転移との区別，と同じ区別をしています。

そのせいで彼女の治療同盟概念は，Freudの，抵抗とはならない陽性転移概念と等しいもののように思えます。Freudの転移促進と転移抵抗にたいして，彼女は転移と転移神経症を対置させています。たとえば彼女は，「治療同盟としての転移と転移神経症とが区別されるが，後者は概して抵抗の表出と考えられる」(1956, p.170) [3] と述べています。しかし彼女の立場を要約すると，Zetzelは「転移分析は基本的葛藤に影響を与えるので，……転移神経症と治療同盟は区別がつかないほどまで融合しがちになる」(1958, p.195) と示唆しています。彼女の公式化は，Freudの促進する転移から転移抵抗への移行という仮定と類似していますが，Freudの記述の方が2つの概念を分離させたままにしている点で優れています。

Greenson (1965) は「作業同盟 (working alliance)」という用語を作り出しました。彼は「治療同盟」よりもこの用語を好んでいますが，それは「この用語は生命的な要素，すなわち治療状況で目的を持って作業する患者の能力，を強調しているので優れている」(p.157) からです。また彼にとっては，作業同盟は現実的側面と転移的側面の両方を含んでいるのです。たとえば彼は「作業同盟は，最終的には分析治療を必要とする幼児神経症の諸要素を含んでいるかもしれない」(p.158) と認めています。このように，彼は「本質的に異なった転移反応」(p.156) を引き起こすものとして，転移神経症と作業同盟を区別していますが，Zetzelと同じく，促進する転移と転移抵抗の区別を曖昧にしがちです。このことは「現実関係」(1971) という彼の用語が全体として現実的関係全体を含むもので，作業同盟の現実的側面のみを指しているのではないことによっても明らかになります。この現実関係を描写して，彼は「治療同盟すなわち作業同盟という概念の範囲を含み，そしてそれを超えた対象関係を強調」しています (p.214)。

Sandler，DareとHolder (1973) は，Zetzelと同様に，抵抗とはならない陽性転移という考えに「自律的機能」を追加していますが，それは「治療同盟 (treatment alliance)」という用語を提案できるようにするためです。彼らの治療同盟概念は，治療 (therapeutic) 同盟や作業同盟のように，現実的なも

---

3) Tartakoff (1956) はde Forestの本「愛の感化」(1954) の書評で，促進する転移と妨害する転移という同様の区別をしています。彼女は，de Forestは「患者の分析家にたいする信頼と確信に基づいて分析の作業関係を進める転移の表出と，転移神経症と」を区別していないと言っています (p.333)。

のと転移的なものを含んでいます。彼らはFreud（1913）の，患者の分析家への「友好的なラポールと愛着」の確立と妨害する転移との区別を指摘します。彼らの意見では，Freudが「関係のこうした両方の側面を表すのに『転移』という用語」を用いたので，それが「その後，文献上の混乱の源になり，そしてわれわれがここで治療同盟と呼んでいるものの諸側面を表す『陽性転移』という用語が用いられ続けてきている一因になったのである」（pp.28-29）。こうした著者たちが，Loewenstein（1969）やHendrick（1939）と同様に，区別したがっているものの一部は，ラポールと転移ですが，しかし彼らもまた，Freudの「抵抗とはならない陽性転移」は主として関係の今の現実的な側面を表している，と誤って信じています。すでに論じたように，Freud自身は陽性転移を主に過去に基づいたものと考えていたのです。

　KanzerとBlum（1967）はわたくしが読んだように，Freudを読んでいます。彼らは次のように書いています。「『陽性転移』の中のひとつの要素，それは実際には現実的な治療同盟のことだが，を切り離すのは理論的，実践的混乱の源を明確にするにちがいない」（p.109）。彼らが言及している陽性転移はFreudの，抵抗とはならない陽性転移であることは，彼らが「統合された転移の資質の健康な側面」について言及していること，転移神経症と転移とを区別していること，そして転移を「人格の発生論的，機能的な核において形成された」（p.109）と記述していることから明らかです。特に最後の言い回しで，彼らが，転移を人間の関係形成能力に，すなわち影響を与える能力に基づいていると定義したときにFreudが意味したもの，と同じことを言っていることが明らかになります。彼らが述べている「理論的，実践的混乱」はSandlerたち（1973）によって例示されていますが，Sandlerたちは，Freudが友好的なラポールを転移として定義した理由を誤解しています。

　さまざまな同盟についてどのような合意された定義もないことは，さまざまな著者たちがときにそれらを同一のものと考え，ときに異なったものと見なし，そしてときには他のものの一側面として記述していることに見られます。たとえばDickes（1975）は，作業同盟を治療同盟の現実的な側面と見なしています。

　Friedman（1969）は，治療同盟における現実的態度と転移的態度の相対的な役割について論議しています。彼は同盟は自我機能の比較的自律的な側面に基づくことができるのか，あるいはむしろ，分析家にたいするより転移の名に

適した態度に基づいているに違いないのか，と問うています。彼の論証は，Freudが過去からの置き換えを促進することと妨害することの両方に「転移」という用語を用いた理由の理解に役立ちます。FriedmanはSterba (1934) の合理的な自我という考えの中にある同盟の通常の公式と，Nunberg (1928) が患者の基本的な目的はいかに分析家に対抗するかであると強調したこととを対比させます。選択されるべきは，彼に言わせると，「動力のない治療同盟か，あるいは明白な治療的方針を欠いた強力な同盟か」(p.145) の選択です。彼は，患者の中のかなり大きな推進力が治療同盟に含まれなければならないと強調しています。結論として分析家は，今あるままの患者を受け入れ，同時に今の自分とは違うようになりたいという患者の希望，と同盟を結ばなければならないのです。

　FriedmanはSterbaの立場をいくらか誤解しています。実のところ，Sterbaは，患者が転移抵抗を合理的に評価できるようにする，という陽性転移の役割を認めています。彼は次のように説明しています。「転移状況についての説明によって……患者の意識は情緒体験の中心から知的な黙考の中心へ移動する……この新しい地点にうまく到達するには，一定量の陽性転移がなければならないが，それは分析家との同一化によって一時的に患者の自我が強くなることによって生じる」(1934, p.365)。

　わたくしは，Freudが分析家の行動の現実的側面に光を当て名づけることができなかったのは，彼がこれらの行動が変化の作用因子として意図的に用いられるべきだ，と示唆するのを避けたかったからである，と述べました。わたくしのこの考えは，同盟概念の批判者たちによって支持されていると思います。彼らはこれらの概念が意味しているのは，さまざまな分析家の行動は，同盟を育み促進するための技法的処置として意図的に用いられるべきであり，そしてこのことは転移の分析を犠牲にして生じる，ということだと述べています。

　その一人Kanzer (1975) は，ZetzelとGreensonそれぞれが定義した治療同盟と作業同盟は「分析的な約束事によって規定された連続体」の反対の極にあり，「そして基本原則によって示される伝統的な精神分析の指向から大きく離反する傾向を示している」(p.48) と述べています。彼は，ZetzelとGreensonの二人が同盟の発展のために提唱した，治療者の側の諸行動は，精神分析よりも精神分析的に方向づけられた精神療法に属すると述べています。特に，彼は，Zetzelは安心させることを選んで転移を無視し，Greensonは現実状況に焦点

を当てることを選んで転移を無視していると考えています。他方，Kanzerは「患者—医者関係の現実的で非転移的な側面は……転移の偏った考え方のせいで，非常にしばしば覆い隠されている」(p.60) と指摘しています。彼は，このような現実的側面は，伝統的な技法では適切に概念化されていないし，それらを取り扱うために何らかの理論的な公式化が必要である，ことに同意しています。

　Curtis (1979) は，Kanzerと同じ理由によって同盟概念を批判してきました。彼もまた，分析関係の協同的側面の強調は，「われわれの関心領域を，患者の精神内界生活を超えて拡大し，治療関係のあらゆる側面を含めようとする」(p.159) 傾向の一部である，と考えています。彼はこの強調が，修正感情体験へ進んでいき，転移と抵抗の分析から離れてしまうのではないかと危惧しています。

　確かに，治療同盟の提案者たちが示すいくつかの実例は，転移の分析よりも転移の操作を擁護しているように見えます。たとえばZetzel (1958) の，不安の早期の表れの取り扱い方の例は，解釈よりも安心させる技法を用いているように見えます。彼女は，軽蔑されおかしいと思われるのではないかと恐れて分析治療を開始することが不安だった，一人の患者を記述しています。最初の数回の面接で，大部分沈黙している分析家を「現実離れした万能的な人物」と見なす，その患者の傾向が増加していることを示す素材が提供されました。この状況が訓練生のスーパーヴィジョン面接で検討されたとき，訓練生は自分の堅さに気づくようになり，非分析的と考えられるかもしれないことをなんでもしようという気持ちを口にしました，特にこの患者は，彼の最初の分析治療の患者だったのです。「彼はその後，少しばかりより積極的で人間的な態度を取り，患者に彼女の不安を理解していると伝えた。その結果，患者は次の日に，昨日まで分析家をよそよそしくて，堂々として，いくらか魔術的な人物と考えていたと報告した」(p.190)。意図的に「少しばかりより積極的で人間的な態度」を取るのは，転移を操作することです。患者の不安を認めてあげることでさえ，安心させる目的でおこなわれると，ここでの症例のように，操作です。対照的に，転移解釈は，分析家が何も言わないことや分析家の振る舞いのその他の側面から，その患者が分析家を現実離れした万能者だと明白に結論づけていたこと，を指摘するでしょう。そうした解釈によって，その患者が分析家をより「人間的」だと思うようになることは十分にあります。実際には，その患者は，

自分の分析家像は空想的だったし，分析家は結局普通の人だということがわかった，と言っています。しかし彼女がこの結論に至ったのは，転移解釈で得た洞察によるものではなく，転移操作を通してなのです[4]。

　同盟概念は確かに，強い対照的な反応を分析家に引き起こしました。一方では，こうした概念は，分析状況の現実的な側面が無視されていたという確信からの反応，として生じたように思えます。他方では，同盟概念は転移分析を犠牲にして転移を助長し操作する，と考えている分析家たちがいます。転移と現実の区別を強調する人たちは，そうすることで，虐げられた患者の権利のために戦っているのだ，とそれとなく言っていることがしばしばあります。彼らは，患者の態度はすべてあるいは大部分転移であると考える分析家たちは，傲慢にも自分たち自身の態度は常に正しいと考えている，と言います。こうした批判者たちは，そうした分析家はしばしば横柄でよそよそしいし，患者は同じ人間と見なされないことで苦しんでいる，と考えているみたいです。彼らの諸論文は，分析家たちに人間的であるように，そしてある程度の相互作用を患者に認めるように嘆願しているような響きがあります。転移と現実との区別を強調する分析家が，実際そうした態度をとるつもりがあろうとなかろうと，彼らは上記のことを主張しているとしばしば見なされます。

　他方，区別を重視しない分析家たちは，区別に焦点を当てる分析家たちを，患者の要求やしつこさに直面して適切な中立性を維持できない，心やさしい無能力を露呈している，すなわち転移分析から精神療法的相互関係へと退却している，としばしば考えるようです。Rangell（1969）は，たとえば，同盟は幼児的欲求を満たすために用いられるべきではなく，その欲求は，代わりに，分析される必要があると主張しています。彼の意見では，「患者と分析家との間にある『現実の』関係とは，分析家の客観的で分析する機能である」（p.72）。ここでRangellは特に，子どもの依存状況への反応としてのGreenson（1966）の一種の母性的関心や，Gitelson（1962）の両親の支持とのアナロジー，に反対しています。患者―分析家関係のまさにこの種の歪曲こそが，転移神経症という用語で考えられなければならない，とRangellは論じています。彼は続け

---

[4] この文章が最初に書かれた後で，Brenner（1979）のZetzelの事例報告にたいする批判が表れたのです。（その批判は明らかに，同じ事例のより詳細な記述に基づいています [Zetzel, 1966]。）Brennerの論点は本質的にわたくしと同じです。

て，「早期の対象結合に由来する養育タイプの同盟」へと引っ張る力は，……たいてい洞察を伝えることへ向かうよりも，対人的な満足の依存へ向かう。あるいは，ArlowとBrenner（1966）が指摘したように，『解釈よりも"活動する人"への依存に向かう』。そして実践においては，それに加えて，密かな逆転移反応をしばしば掻き立てる」(p.73) と述べています。

　Rangellは分析家の「科学的な」観点を「反人間的」とは考えていません。彼の言葉で言えば，「客観的で科学的な態度は，分析的な共感，世話，そして思いやりと協力できるし，実際すべきである。それはLeo Stone（1961）によって繊細に指摘されたひとつの総合体であり，分析家の方に，どのような矛盾したあるいは相互排除的な態度も呼び起こす必要のない，総合体である」(pp.72-73)。

　RangellはStoneに賛意を表していますが，Kanzer（1963）はRangellがGreensonとGitelsonに異議を唱えた同じ理由によってStoneを批判しています。Stone（1961）は「未成熟な転移は……必要以上に活性化され激化されやすいが，それは『成熟した』自我親和的な転移要求が適切に満足されなかったからである」(p.106) と論じています。Kanzerはこれに反対します。彼のStoneへの解釈では，Stoneが患者にどこで休暇を過ごす予定かを伝えた例や，治療終了段階では患者と分析家が互いに知り合うために，座っておこなうセッションを数回おこなうとよいというStoneのすすめや，科学と人間性の関係についてのStoneの議論，の全般的な主旨などの事柄は，転移を正確に分析することの失敗を表しているかもしれないのです。しかしながら，Stoneの実践がどのようなものであれ，わたくしが彼の意図を理解したところでは，わたくしは彼に同意します。それはFreudのおこなったものと似た分析状況という基本線に戻るということです。ここでそれと対照的な分析家とは，真に過去の復活ではない，望ましからざる医原症的退行を促進するような，引きこもりをし続ける分析家です。

　Lipton（1977a）は最近同じ問題を有益な方法で扱っています。彼は最近の実践の顕著な傾向，それはFreudの実践と対照的なのですが，分析家の技法的行動と非技法的行動の区別をなくし，分析家の行動をすべて技法的考慮によって決定されたものと見なす傾向，について記述しています。彼の議論はFreudのねずみ男の分析（1909b）の検討という文脈でおこなわれています。Freudがねずみ男に食事を与えたこと，彼に絵はがきを送ったこと，彼の婚約者の写

真を求めたことを，われわれはどう考えるべきなのでしょう？　もちろん，そうした行動は逆転移だと考える分析家もいるでしょう。問題は，分析家は個人個人によって互いに大きく異なる広範囲の行動があり，それは逆転移かもしれないし，そうでないかもしれないということです。重要な区別は，分析家の行動はすべて技法の一部であるべきで，それ故技法原則に従い，技法的意図によって意識的に用いられるべきである，と考える人たちと，分析家の行動には非技法的な側面が当然含まれ，それは分析家の個人的嗜好に応じて分析家ごとに異なり，そしてこの側面は自発的なもので治療的意図はない，と考える人たちとの間の区別です。

　Liptonの立場は，分析家の行動の人間的あるいは人情味のある側面を当たり前のことと見なす考えに関連していますが，そこには，行動のこうした側面を技法から明白に区別する利点があります。治療者の行動から個人的変数を除去することは原則的に不可能である，という事実はさておき，治療者は個人として異なっているからというだけでも，すべての関係を技法に含めるのは治療状況にとって望ましくない結末をもたらします。その一つは，もともと純粋なものであったに違いない自発性を，人間関係から奪い去ってしまうことです。Stone（1954）は「個人としての分析家と専門家としての分析家の**完全**な融合はまた，分析過程に有害となりうる」（p.575）と主張しています。彼は，分析家の個人的側面と技法的側面は，患者の体験している自我と観察している自我との間に一種の「力動的バランス」が形成されるよう誘うだろうと示唆しています。彼は「一方の側の由々しきアンバランスはもう一方の側に重大な影響を与える，と仮定するのは合理的ではないのだろうか？」と問うています。

　Glover（1955）は分析家の個人的行動と技法的行動とのこの区別を，「辺縁でのかかわり」として「迷ったときには自然に振る舞う」ことと述べています。しかし同時に彼は「いったん確立された手順は，即時の転移反応を引き起こさないと壊され得ない」（p.24）と注意しています。同様に彼は「いったん患者が寝椅子から降りたら，患者と分析家の間にある状況は，日常の礼儀や配慮の原則に支配される」（p.44）と忠告しています。彼は続けて，寝椅子から降りることが解釈の主題になるべき状況について述べていますが，しかし彼は，このことを過度にしないように警告しています。患者はすでに分析関係をかなり一方的なものと考えているので，「分析治療の関心が積極的に要求するものでないのなら，このことを繰り返しつつく必要はない」（p.44）。

分析家の技法的行動と個人的行動はともに現実であり，患者は両方にたいして転移的にそして現実的に反応する，ということが強調されなければなりません。特に，分析家の個人的振る舞いが，分析の対象である転移に意図せざる影響を持つことは十分あり得ます。
　すでに見てきたように，Rangell（1969）の発言は，分析家の技法的側面と非技法的側面の区別のこの曖昧さを見せています。と同時にそれらがともに現実であることを認識できていないことを，次の意見で露呈しています。「患者と分析家との間にある『現実の』関係とは，分析家の客観的で分析する機能である」(p.72)。「分析する機能」は技法的なもので現実関係の一部にすぎません。また分析的な共感，世話，そして思いやりも，現実関係のすべてを構成しているわけではありません。
　さまざまな同盟概念は本質的に，Freudが「抵抗とはならない陽性転移」によって意味させようとしたもの，を意味しています。しかしそれらはまた，必要ないくつかのそれ以上の区別を十分に明らかにしていません。（1）患者に関して，現実に直接向かう情緒的態度——陽性転移——と，現実に直接向かう認知的要因——，これは対人関係的に決定された同一の根を過去に持ってはいません，を区別する必要があります。（2）分析家に関して，技法的行動と個人的行動を識別する必要があります。
　ある分析家たちにとって，同盟概念は，少なくとも，患者の現実的，転移的態度の混合物，を名づける利点を持っていて，それは患者が特定の解釈から利益を得られるかどうか，を判断するときに絶えず評価されなければならないのです。しかし他の分析家にとって，同盟概念は，現実的関係は，技法の問題として，転移分析を犠牲にして，意図的に育成されなければならないという意味を伝えています。その意味は，必ずしも必要なものではありません。現実的関係は，分析家がそうしようとしまいと存在します。
　分析家の行動は，患者の行動と同様に，現実的反応と（逆）転移反応に分けられます。分析家の技法的行動と個人的行動はともに，現実的態度と逆転移態度のさまざまな混合物です。患者の陽性転移と同様に，分析家の陽性の逆転移は，抵抗とはならない側面と性愛的側面とを持っています。しかし，患者の行動の区別で見たように，分析家の行動の区別も概念的にのみ切り離すことができるだけです。どのような現実の場合も，2種の側面がさまざまに結合して生じるのです。

Freudの技法についての批判の多くは，彼が患者と平気で個人的関係を持ったことから生じています。分析家の技法的役割と個人的役割の区別を認識することは重要ですが，この区別を完全に取り払う最近の傾向は，より基本的な問題の表れ，すなわち，分析家の現実的な行動と患者の現実的な態度そしてそれらをどのように技法上考慮しなければならないか，の重要性を認識することの失敗だと思います。こうした技法上の問題にこれから取りかかります。

第7章

転移分析における現実の場

　前章でわたくしは，分析家がたとえどのように自分の行動の範囲と強度とを規制しても，分析状況は相互作用の場のままであると論じました。むろん分析家の態度について患者側は知るところが少ない状況ではありますが。わたくしが今から論じようとするのは，そうした状況が転移分析にたいして持つ第一義的意味は，分析家について知るところが少ないが故に，過去に由来する患者の態度が，状況にあったふさわしい正当なものになりうるということです。

　患者の態度の決定因には対人関係的なものと精神内界的なものとがあることに，すべての分析家はもちろん同意するでしょう。そしてある患者の態度が，いわゆる汚染をうけずに，──すなわち，分析状況における対人関係的なものに影響をうけることなく形成されうる，と論じる分析家はおそらく誰もいないでしょう。にもかかわらず，この事実が技法へ投げかけている意味が，実践ではしばしば無視されていると思います。生身の人としての分析家の作用を，一般論として知っていることと，患者と分析家との生の関係を，患者にそれがどのように映っているかを解釈して，瞬間瞬間考える実践との間には，大きな違いがあります。

　Anna Freud（1954）は，一人の分析家が異なる患者にたいしてとる生の行動の差に注目することで，分析家というものはいかほど関わる人であるかを記述しています。

　　「どの二人の分析家もまったく同じ解釈を下すことはない」と言われるが，詳しく調べてみると，個々の分析家のどの二人の患者も，まったく同じには扱われてはいないことがわかる。われわれはある患者たちにはきわめて生まじめに接し続け，他の患者たちにはユーモア，ときにはジョークさえ用いる。ある患者たちへ伝えられる解釈の用語は言葉通りのものでなければならないし，他の患者たちには，同じ内容でも微笑やアナロジーの形で伝える方が受け入れられやすい。患者を迎え入れたり送り出すやり方もさまざまであるし，患者との間の生の関係と，転移され空想された関係との

共存をわれわれが許容する程度も，患者ごとにさまざまである［pp.359-360］。

彼女によれば，分析家の反応のこうした微妙な差異は，患者の健康な人格への，すなわち自我の成熟度，知的能力，そして葛藤を折にふれて客観的に見る能力，への手がかりとして役立ちうるのです。残念ながら，彼女は，分析家の技法的行為のこうした微細な「行動化」の例を，たんに患者の性格構造への理解を導くものに過ぎないと見なしています。彼女は，**現実**のこうした小部分が，患者の転移が練り上げられる出発点になるかもしれないことを認識していません。

分析状況の現実は，転移分析の2つの側面，すなわち転移に気づくことへの抵抗と転移解消への抵抗とに決定的な役割を果たします。最初に，転移に気づくことへの抵抗を取り上げましょう。

前述のような限られた手がかりを与えられて，患者は，自分の治療関係での体験を理解するために，この限定された情報に基づいた，できるだけもっともらしい仮説を膨らませます。分析家は，文脈と自分の介入という両方の点から分析状況の現実面に留意しておけば，転移外の素材が転移をほのめかす様子，に敏感になるでしょう。たとえば分析家が次回のセッションを休むと告げたとき，彼は患者の反応の中に，直接的あるいは間接的なほのめかしを予測しなければなりません。（この点に関して，Lipton（私信）は，患者の反応は主としてその告げ方よりも差し迫った休みにたいして起こる，と一般に考えられているのは誤りである，と示唆しています）。分析家は，患者に批判と受けとめられるかもしれない解釈をしたことに気づいたら，その後に出てくる過度に批判的な人物についての連想，を転移へのほのめかしとして解釈する用意をすべきです。

分析家が分析状況の現実を心に留めておくと，転移へのほのめかしをより認識しやすくなるにとどまりません。さらにはそうしたほのめかしへの解釈を，より一層辻褄のあったもの，すなわち患者がうけ入れやすいものにできます。なぜなら，転移へのほのめかしについてのこの解釈と，転移へのほのめかしを引き起こした現実，分析家はそう示唆するのですが，との間に辻褄のあった結びつきがあることを指摘できるからです。

分析状況における患者の治療関係体験には，多くの亜種があります。それは分析状況が体験を正当化しうる，と患者が感じるかどうかという点と，彼の反

応を引き出している刺激に，患者がいかに気づいているかという点とによります。患者の態度には，体験が今の分析状況によって正当化されている，という主観的な確信から，正当化されていない，という自覚までの幅があります。患者は，自身の反応の引き金になったものを正確に知っていると思うかもしれませんし，そのものについて，何も思いつかないかもしれません。もちろん分析家は，患者が治療関係体験や分析状況の諸特徴について表だって述べることや，患者がそれら２つの間に作る結びつきに留意しなければなりません。しかしながら，これこそ分析状況の特徴なのですが，患者はそうした事柄に束の間だけ気づくか，それらのことをただ偶然ついでに言うだけです。なぜなら，それらは抵抗の材料だからです。患者の連想がたどるおきまりの順序は，治療関係についてちらっと述べ，次いで転移外状況について話すというものですが，そうした順序こそが転移的態度のほのめかしなのです。

　患者の転移態度は，可能なかぎり現実状況の手がかりともっともらしく結びつけられているという見方と，その手がかりがしばしば素早く否認され意識から消されてしまうという事実との間には，矛盾があるのではないかと問われるかもしれません。答えは，転移態度に気づくことへの抵抗は，当然結びついている手がかりにまで及ぶ，というものです。手がかりと態度とがともに否認されるのは，おそらく，転移態度の発生源であるさらに早期の体験を，当時どのように理解したのかを患者が否認したことの反復です。

　分析状況で患者が何にたいして反応しがちなのか，についての分析家の見解は，実際に患者に作用するものと，きわめて異なっていることがあります。分析家は，自分がその状況の主要な特徴だと考えるものを，患者がまるで忘れてしまったかのように見えることに，しばしば驚かされます。しかしこの忘却はたんに表面上のことかもしれない，と銘記しておくことが大切です。他方，分析家が些細なことと感じるものが，患者には大きなこととして現れることがあります。

　ある出来事に患者と分析家が与える重要性がこのように違うと，典型的な状況として，患者が無視していたようなことが治療関係に突然起きるということがしばしば起こります。分析家は，患者はその話題を避けているように見えるが，それについて何らかの考えがあるに違いないのは確かだ，と説明する形で反応するかもしれません。そのとき分析家は正しいかもしれませんが，間違っているかもしれません。その出来事は患者には何の重要性も持たないのかもし

れませんし，あるいは，たとえ重要であっても，患者の反応は現実的な反応で，それについて何も言う必要を感じていないのです。

　だが，その出来事が転移に何らかの影響を与えた，と分析家が考えたのは正しいと仮定しましょう。そして分析家が，患者はその影響について報告していないと不満を漏らすなら，分析家自身が，患者が語っている連想は，起きたその出来事の重要さについて，潜在的なテーマとして述べているのにそのことを認識できていないのかもしれないのです。(もちろん，分析家が患者の連想にその出来事へのほのめかしを探しても，見つけられないかもしれません。それは分析家に連想と出来事とを結び付ける能力がないのか，抵抗によってほのめかしが非常に曖昧になっているからです)。さらに，分析家が，患者は適切な連想を語っていないと不満を漏らすなら，当然患者は批判されたと感じるでしょう。基本原則は，患者は心にあることを何でも話さなければならないということなので，分析家は事実上次のように言っていることになります。すなわち「あなたは心にあることを私に話していますが，私は満足していません。なぜならあなたが気づくべきことが他にもあるからです。」患者は転移についてあからさまに話すことに抵抗している，と分析家は直感的に認識したので，患者の連想に満足せず，患者は適切に連想していないと不満を覚えたのです。

　Glover (1955) は，この問題に関して，何も具体的な考えがないのに連想を漁ること，へ警告をしています。彼の経験では，患者の注意をある出来事に，「たんにその出来事についての連想を得る目的のために」振り向かせると，患者は，あたかもそれを批判であるかのように反応するのが通例である，と彼は述べています (p.178)。さらに，Gloverは，たとえその反応が分析されても，出来事それ自体が重要さを持つことになる，と述べています。こうした状況が再び生じると，患者は今や，まるで分析家の反応を予測したり引き起こしたりするような仕方で，意図的に行動するようになります。われわれはここで，以前おこなった，禁止を用いた行動化の取り扱い，という議論と対応させることができます，すなわち患者の提供する連想が，分析家が心に抱いている出来事へのほのめかしになっている様を解釈するかわりに，禁止するという議論です。

　Lipton (1974) は，患者が自由連想していない，という分析家の不満が正当化されるのは，患者が意識的に連想を抑えているという確かな証拠がある場合に限られる，と指摘しています。患者が心に意識化されていることを言語化し

続ける限り，彼は「適切に」連想するのに失敗しているという罪，があるはずはないのです。なぜなら彼の受けた唯一の教示は，「心にあることをすべて」言うようにということだからです。

　転移の重要性を確信しながら，その解釈の下手な分析家がおこなうもうひとつの共通した過ちは，顕在的内容は密かな転移の意味を持っているという解釈をおこなう際に，ただその２つの間の予想された並行関係だけに基づいておこない，分析状況の何らかの特徴に言及して解釈を理にかなったものにしよう，としないことです。患者が治療関係体験に現実的基盤を見つけようとするのと同じように，分析家は自分の治療関係体験を解釈するために，できる限り理にかなった現実的な基盤を見つけなければなりません。そうすることで，分析家は，現実に進行している事態をよく見ることの重要性を強調することになるのです。

　患者の治療関係体験に影響するに違いない，と分析家が思う事態が分析状況に起こり，しかし患者の連想に影響を見つけられない場合は，いつでも患者の助けを求めてよいのです。たとえば次のように言うこともできます。「あなたが話していることは，起こった事態とどこかで関連しているのだろうと思うけど，そのつながりがわかりません。あなたにはわかりますか？」。あるいは，患者の連想が，分析関係での体験と似た体験のことを強くほのめかしているように思えるのに，分析家が，患者のこの反応の現実的基盤となっているらしい出来事，を分析状況の中に見つけられないときにも，分析家は患者の助けを求めてよいのです。次のように言えそうです。「今日のセッションのテーマは，あなたが誰かに批判されたと感じていることです。私から批判されたと感じているのではないかと思います。でもあなたが批判と受け取ったかもしれないのが，私の言ったことやしたことのどのところなのか，私にはわかりません。私から批判されたと感じていますか？　もしそうなら，どのところが批判として感じられたのでしょうか？」

　精神分析の治療作用に関するStrachey（1934）の論文について討論して，Rosenfeld（1972）も機械的な転移解釈に反対しています。彼は，患者の産出物のすべてを転移と関係づけるある種の分析家たち，のやり方について述べています。彼らは自動的にコメントするのです。「『そんな風にあなたは今，私を感じているのです』あるいは『そのことをあなたは，私にたいしてしているのです』」。あるいは彼らはたんに「患者の言葉をオウムのように繰り返し，それ

らを今のセッションと関連づける」かもしれません。Rosenfeldは，そうした「ステレオタイプ」な反応は「今ここでの状況の解釈」を装っているが，「（それは）変化をもたらす転移についてのStracheyの価値ある貢献を，馬鹿げたものに変えてしまう」(p.457) と論じています。

　患者の態度の現実的側面に注目している分析家にとって，必要なことは，自分自身をいつも治療関係の参加者であると見なすことです。自分自身を白いスクリーンであるなどと思っている場合にしか，患者の反応をすべて患者の内部から語り出されたものだなんて考えるわけにゆかないのです。

　分析家が自分自身を治療関係の参加者であると見なす結果，彼は分析家にたいする患者の態度，に注意を集中させるだけでなく，患者にたいする分析家の態度，を患者の方がどのように見ているか，についても注意を集中させられます。患者は，自分にたいする分析家の態度，についてあれこれ考えたことを口に出すこと，いや気づくことさえ，分析家にたいする自分の態度を口に出すことよりも，もっと躊躇うものです。分析家の態度について考えることは，明らかに分析家を分析することですから，状況をあべこべにすることになる，と患者は感じるものです。患者は特に，分析家が否認するだろうと思われる患者にたいする態度，そして，分析家が抱いていると彼が信じているのがある程度は正しいと思える患者にたいする態度，について話したがらないものです。ですから，自分が患者にたいして感じている，と患者が考えているかもしれない，と分析家が思うことについて，自分の考えをいつでも述べられるようにしておくのは，なおさら分析家の責任なのです。

　患者が分析家についてどのように感じているのかと，患者にたいして分析家が感じていることについて患者がどのように思っているのか，との区別については，あまり表だって述べられていませんが，Gloverは話のついでに，このことを述べています。「明らかに，われわれが記述してきた機能的な抵抗の多くは，どの特定の機制による行動も，分析家にたいする患者の反応の形で，あるいは患者にたいする分析家の想像上の反応の形で，表現される限り，転移抵抗と呼ばれてもよいだろう」(1955, p.67)。

　分析家は，患者が転移の中で過去を反復しようとすることにたいして，治療関係の構造についての患者の思いこみ，を正当化するように振る舞う形で，多少とも応答したことは確かかもしれない，と考えておかなければなりません (Levenson, 1972)。分析家が患者の転移願望に，長期間か短期間，多少とも疑

いなく自然に同調するのは驚くべきことではありません。このことを否定するのは，分析状況が現実に，対人関係的関わり合いであることを否定することです。Sandler（1976a, 1976b）は最近この問題を，患者の「知覚の同一性」の追求と分析家の「役割―反応性」という題で議論しています。

現実の人間としての関わり，を分析家が認識する必要性を強調すると，そこから必ず生じる質問は，そうした認識は分析家についての患者の考えと一致する必要があるのか，不一致でもいいのかというものです。たとえばGreenson（1967, pp.217-218）は，分析治療の後半になって，Greensonのことをいくらか独断的で話しすぎると思っていた，ことをやっと話せたある患者について記述しています。Greensonは患者の観察を正しいと認めましたが，転移解釈はそうした確認を必要としません。実際は，確認をすると，考えたことが正しい観察なのかどうかの確認を患者が遅らせた理由，について質問することから注意がそれてしまいます。Greensonの報告ではそうなったようです[1]。

分析家の告白は批判を排除する意味をもつので，患者に負担をかけます。告白が適切なのは，気づかないできたために治療の障害物になり続けている，と分析家が判断する重大な逆転移の場合だけです。患者の推量を，それらがもっともなものかどうかを真剣に吟味するに値するもの，として取り扱うことで十分です。

知覚の妥当性と，推測や判断の妥当性とを区別しなければなりません。さらに，推測が「真実」なのかの妥当性と，推測のもっともらしさの妥当性とを区別しなければなりません。良質の解釈とは，知覚と推測それぞれのもっともらしさをともに保証し，しかしながらその解釈が「真実」であるとの立場を取らないものです。

分析家が持っていると患者が言う感情を，分析家が，持っていないと否認するのは，告白することよりもさらに弁護できないおこないです。それはどういう場合でも説得力がないばかりか，分析家は自分でも気がつかない何かに影響されているなんてことはないという，弁明不能な立場に自身を追いやることにもなるのです。先に示唆したように，分析家の側に確実性があるという態度は，一般的にいって不幸な態度です。むしろ望ましいのは，できる限り完全に患者

---

[1] この文章が最初に書かれた後で，Brenner（1979）は論文の中でGreensonの報告について同様の点を指摘しています。

の精神内容の覆いを取ることです。そこでは，患者は考えているのだろうが言っていないのだ，と分析家が思っている，いろいろな患者の考えに注意を向けることも含まれるのです。

　この種の議論でしばしばおこなわれるらしいのですが，患者の反応が精神内界的にどの程度過去によって決定されるのか，そして現実の対人関係的関わりあいによってどの程度決定されるのか，について分析家はどのような立場を取る必要もありません。必要なことのすべては，分析状況についての患者の考えを，分析過程の統合部分として絶えず解明することです。患者の側の理のありそうな仮説を取り扱う際の，分析家の姿勢が適切な雰囲気をもたらすのです。

　分析状況のどのような諸特徴が患者のその解釈を導いているのか，を詳しく調べてゆくと，分析家が逆転移に気づくという困難な作業に，おまけ的なしかし非常に重要な寄与をすることができます。というのは，そうした諸特徴を探すことは，気づいていない自身の振る舞い，に分析家の注意を向けさせることになるからです。

今ここで（HERE-AND-NOW）転移を解消する

　わたくしは先に（45頁），なぜ転移が他にすぐれて抵抗の手段たり得るのか，という問いへの，Freud（1912a）の直接的な返答を引用しました。彼の返答は，転移解釈は2段階あるというものです。最初の段階は，患者に「自らの情熱を行動に移そうとしている」（p.108）ことに気づかせること，すなわち，転移に気づくことへの抵抗を解釈することです。そして第2段階は，「患者を強制して，これらの感情的衝動を，治療との関連や彼の成育史との関連の中に導き入れる」こと，すなわち，分析状況との関連を解釈し，発生論的な過去との関連を解釈することで，転移解消への抵抗を解釈することです。

　Strachey（1934）も，「変化をもたらす」解釈には2段階あると述べています。第1段階では「患者の分析家とのイド関係の一部が，補助的な超自我としての分析家の態度によって意識化される」（p.21）。わたくしの公式化では，このことが意味しているのは，転移的考えがまだ意識化されていないのなら，分析家は，明らかな非転移的連想の中にある，転移へのほのめかしを解釈して意識化させるということです。第2段階は，「彼の［患者の］能力にかかっている。解放された分のイドのエネルギー，が意識の中に出現する重大な時期に，

患者の空想的対象と現実の分析家とを区別する能力に」(p.23)。わたくしが強調したのは，患者と分析家との間に実際に生じていること，それは患者が転移を練り上げる出発点となる，現実的なきっかけなのですが，のもっともらしい説明として転移を解釈すると，区別の能力が促進されるということです。

転移外の解釈と比較して，転移解釈のもつ明らかに独自な価値，にふたたび注意を向けて，Strachey（1934）は転移解釈の2つの利点を指摘しています。ひとつは，転移解釈は情動的に今，直接的なものだということです，なぜなら，その解釈はある衝動についてのもので，その衝動は解釈をしているまさに今その人にたいして感じられ，向けられているものだからです。もうひとつは，患者の態度は必ずしも現実状況から生じているのではない，ことを理解するには分析の場はもっとも好ましい状況だということです。なぜなら，分析の場では，二人の参加者はその状況を直接知っているし，その状況について客観的であろうとしているからです。転移外状況についてはそうはいきません。Stracheyが言うように，「転移外解釈の場合は，意識に持ち込まれたイド衝動の対象は分析家ではないし，今直接この場にはいない，……そしてイド衝動の対象が現実にここにいない［が故に］，現実の対象と空想された対象との区別，に直接気づくようになるのは……患者にとって容易ではない」(p.34)。彼は変化をもたらす解釈の効果は「分析状況では，解釈を与える人とイド衝動の対象とが同じ一人の人である，というこの事実に基づいている」(p.36n) のだろうと説明しています。

Stracheyは，彼の論文はFreudの論文（1925）の次のような言葉を練り上げただけだと示唆しています。すなわち「転移は分析家によって患者に意識させられ，そして患者に以下のことを確信させることで解消される。すなわち，患者は，転移的態度によって，児童期という抑圧の時期における最早期の対象充当，に起源する情緒的態度を**再体験**している」(p.43)。しかしFreudは実際，転移解消についてStracheyよりももっと過去の役割を強調しています。

Stracheyの論文から33年後に，Stone（1967）は「転移解釈の独自な効果」を認識するうえで，同様の意見を述べました。Stoneによれば，「他のどのような解釈も，愛情，口論，批判あるいはどのような問題においても，それに参加している『相手』を本当には分かっていないのではないかという当然の疑いから，自由ではあり得ない。そして他のどのような状況も，患者に次の感覚を提供しない。すなわち，認識が得られる体験と，まったく一対一での寛容と

受容の体験とが共存する感覚であり，それはその時点で生き生きと動いている情動，欲求，さらには防衛の対象でさえあるその人がおこなう解釈に内在されているのである」(p.35)。

わたくしは先に，Stracheyは転移解釈を強調するにもかかわらず，ほとんどの解釈というものは転移外解釈であると，明らかにそれを容認して述べている事実に言及しました。Stracheyが転移外解釈というとき，彼は転移外の素材を転移に結びつける視点からなされる解釈，のことを言っているのかもしれません。しかしもしそうなら，彼の言明は誤解のもととなります。なぜなら，転移外の素材を転移に結びつけるのは，転移解消を意図してなされるものですし，それ故それは転移外解釈ではなく，ひとつの転移解釈だからです。

この区別を，Stracheyの論文についてのRosenfeld (1972) の意見を取り上げることで，うまく再論述できます。Rosenfeldは，転移解釈は「変化をもたらす過程」を開始させるが，この過程を強め進めるためには，その後の徹底操作の時期が必要だと考えています。ここでRosenfeldが示唆しているのは，転移解釈と徹底操作はともに「転移において患者の空想と行動とを練り上げるだけではなく，患者の諸葛藤を，現在の生活状況と過去の生活状況とに詳細に結びつける［こと］」(p.457) を伴うということです。Rosenfeldはまた「いくつかの分析素材は，表面上は転移とまったく無関係のように思えるので，分析家の介入と解釈は，それらを明確にしようとすることから始めなければならない」(p.458) と指摘しています。

見過ごされているかもしれないのは，Rosenfeldが分析作業の3つの異なる段階について，明確に区別しないで語っていることです。第1段階は，その中に含まれている転移へのほのめかしへの手がかりを得るために，転移外素材を**明確化**することです。第2段階はこの転移を意識にもたらすことで，第3段階は転移の解消です。「転移の中で患者の空想と行動とを練り上げる」とは，おそらく，まだ気づかれていない転移の付加的な諸側面を解釈することと，転移と転移がそこから出発する現実の分析状況の諸特徴，とを比較することによって，分析状況そのものの内部で，転移を解消する方向へ作業すること，の両方のことを言っています。「患者の諸葛藤」，これはたぶん，転移の中で表現されるのでしょう，「を現在の生活状況と過去の生活状況に詳細に結びつける［こと］」は，一方は転移解釈によって，他方は発生論的転移解釈によって転移を解消させるという意味です。

分析状況の現実的な諸特徴と，患者のそれらについての解釈とを注意深く比較するために，現実的な諸特徴はその輪郭を明確にされ焦点づけられなければなりません。転移解消が分析状況内部の治療作業に基づく限り，こうした諸特徴について知っていること，が転移解消にとってどれほど本質的であるかが，そこから明らかになるのです。

　転移解消への抵抗に打ち克つというのは，患者がある種の態度は実際転移である，ことを理解する，あるいは少なくとも，患者が分析状況に持ち込んだ態度によって演じられる役割，を認識するようにならなければならない，という意味です。このことは，患者がいかに現実状況を歪曲しているか，すなわち現実状況が患者が考えているものといかに異なっているか，を患者が理解するようになることとしてしばしば記述されます。患者は現実状況を歪曲しているというよりも，患者はある仮説を発展させている，と言う方がより正確でしょう。「歪曲」は，過去の影響が現在の情報と矛盾する場合にのみ適切な名称です。患者は自分が作業しなければならないものにたいして，できるかぎり合理的であろうとしている，と分析家が認識するとき，分析家は患者の正気を尊重しています。反対に，患者が反応しているかもしれない現実的な何か，を探そうとしないで，患者の治療関係体験に焦点を当てるとき，分析家は，患者は治療経験をでっちあげて製造している，と言っていることになります。

　「歪曲」よりもより正確な公式化は，現実状況は患者が到達した解釈とは違う諸解釈の下にある，というものです。分析家は，患者の結論は現実状況からすんなりと生み出されているわけではないと示唆します。実際，この事態を「歪曲」と見るよりも，このように考えてみると，「真」の知識を得なければならないなんらかの絶対的な外的現実がある，と仮定する過ちを避けることができます。分析家が主張する必要があるのは次のことだけです。すなわち，分析状況はさまざまな解釈が可能なものであり，患者の結論は，特に明記できるような状況の諸特徴からすんなりと生み出されているのではないので，患者の解釈は，彼が分析状況に持ち込んだものによって部分的にどんな風に影響をうけているのか，を探究することが賢明だろうということです。分析家の観点は患者の観点よりも客観的である，という仮定は，一般的に不合理ではないのですが，特別な場合には，これは当てはまらないでしょう。どのような場合も，分析家は，自分が正しいと確信はできないし，それを証明することもできません。分析家の側に確実性があるという姿勢は，患者が自分独自の解釈とは別の解釈

を真剣に考えるのをより困難にさせるだけです[2]。

新しい体験

　次のことを認識するのが重要です。すなわち，今ここで (here-and-now) 転移の解消が成し遂げられるのは，患者の態度と，そうした態度の出発点となった現実の分析状況の諸特徴との関係，を検討することによるだけではなく，転移を解釈するというまさにその行為において，分析家が，患者が予想し，そして引き起こそうとさえするようになっていたのとは異なる振る舞い，をすることにもよるのです。たとえばKanzerとBlum (1967) は，以下のように述べています。「分析家は客観的で冷静な役割を維持しなければならないし，それが統制不能な退行を防ぐ手段となるのだが，患者の苦痛や再生活動にたいして，患者と同情的同盟を結ぶ分析家の部分は，本質として，転移神経症の対象であり解釈を与える者，という分析家の機能を，さらに広げ，分析家を患者の人格を修正する再生体験の参加者にしている」(p.125)。他のところでBlum (1971) は，Loewald (1960) が「一貫した成熟した新しい対象」としての分析家に言及していることに賛同し，次のように主張しています。「成人の分析においてさえ，転移の対象としてよりも，現実の新しい対象としての分析家の役割が，分析家や分析的態度への同一化の文脈で考察されなければならない」(p.51)。

　必然的であるだけではなく，望ましいことでさえある分析家との新しい体験，をこのように評価するのは，治療結果の一要因となる分析関係の役割を最小にしようとして介入を控える分析家，に反対しているように思われます。しかし，分析治療の効果は洞察によるだけではなく，新しい関係の体験にもよるという文献が増加してきています。分析家との新しい関係が，分析治療の効果において重要な役割を果たすというLoewald (1960) の見解は，一般に好意的に受け入れられてきました。他の分析家たちも，変化をもたらす要因として，分析家との新しい体験の役割について述べています。「期待して待つ (expectant)」精神分析と転移解釈の忠実な擁護者であるGloverでさえ，次のように主張しています。「陽性転移の主な機能は，実際，両親への早期のアンビバレントな

---

2) すんなりと生み出されているわけではないが理のある仮説と，歪曲とのこの区別に関して，Irwin Hoffman博士に負うています。

態度をアンビバレントではない形で**再体験させることにある**」(1955, p.128)。

　この新しい関係は，意図的におこなわれるAlexander流の「修正感情体験」とはまったく異なったものです。患者に影響を与えることを目指して実施される特殊な技法的企てではないからです。にもかかわらず，分析家の技法的介入と，患者との人としての，非技法的な関係との両方を，患者は重要な対人関係的影響として体験するのは避けがたいのです。

　今やわたくしたちは，分析の結果が洞察よりもこの相互作用に基づくことのないように，と分析家が介入を控えること，にたいする反論を明確に考えることができます。相互作用は避けられません。もし分析家が相互作用の分析に失敗したら，分析家はそのために，達成されるどのような成果も分析されていない相互作用に基づく，という可能性を増加させることになります。どのような分析治療の成果も，転移分析や，それにともなう新しい体験，そして持続している転移による効果などがさまざまな割合で入り交じったものです。たとえどのように巧みに転移を分析しても，分析の成果は，ある程度まで，分析されていない持続している転移，の満足によるところがまだあるのだろう，ということを認識しなければなりません。唯一希望を持てるのは，分析の成果をできるかぎり転移解釈に基づかせること，それは必然的に新しい体験を伴いますが，そしてずっと続いて来ていた転移，にできるかぎり基づかせないことだけです。Freudが言ったこととしてFerenczi (1909) が引用していることは，いまだに真実です。「**われわれは神経症患者をわれわれの好むやり方で治療するだろうが，患者はたえず自分自身を心理療法的に治療する，すなわち，転移で治療するのである**」(p.55)。

　要約すると，わたくしは，転移に気づくことへの抵抗の分析に優先権を与えることに加えて，強調点のもうひとつの移動を主張します。転移のいくつかの側面が意識にもたらされた後でさえ，転移を現時点のあるいは発生論的な転移外素材に結び付けてそうした転移の解消へと優先的に進むのではなく，分析状況の内部で作業をさらに進めるべきなのです。この作業に含まれるのは，まだ気づかれていない転移，の他の側面を明らかにすること，すなわち，転移に気づくことへの抵抗をさらに解釈することと，転移の出発点となった現実の分析状況の諸側面に照らして，転移態度を点検すること，すなわち転移解消を促す解釈をすること，の両方です。今ここでの転移，にたいするこの両面の作業では，現実の分析状況の諸特徴に特別注意を払う必要があります。Robert Langs

(1976, 1978) は，ここでのわたくしの見解と非常に似た観点を提案しています。彼は現実の分析状況の諸特徴を「順応の文脈」と呼んでいます。

第8章

今ここでの転移解釈　対
発生論的転移解釈と転移外解釈

　1934年にSterbaのよく知られた論文「精神分析療法における自我の運命」とStracheyの論文「精神分析の治療行為の本質」とが国際精神分析学雑誌の同じ号に掲載されたのは，歴史上興味深いことです。Sterbaは本質的に，Freud（1912a）とStracheyがおこなったと同様の転移解釈の2段階での概略を述べています。が彼は，わたくしが抵抗は常に転移を通して表現されると論じたときに言及した，防衛と抵抗との混同，をしています。Sterbaは次のように述べています。

　　まず最初に，分析家は防衛の解釈を与えるが，分析家はそのとき，その防衛が向けられた特定の本能傾向についてすでに正確に推測しているので，それらの本能傾向にそれとなく言及する。患者が自分の転移態度は防衛の性質を帯びていると認識すると，防衛が弱くなってくる。その結果，本能抗争がさらに強くなって自我に襲いかかることになる。そうなると，分析家はこれらの衝動の幼児期における意味と目的とを解釈しなければならない。自我の解離と統合がその後から起こるが，その結果，これらの衝動は，現実に関連づけられることによって矯正され，その後，そうした修正によって可能な発散をするようになる［p.367］。

　しかし，発生論的解釈によって転移が解消することについて，Freud，SterbaそしてStracheyの公式化には強調点の違いがあります。Freud（1912a）は，患者の感情的衝動を「治療との関連や彼の成育史との関連」の中に導き入れる（p.108）と述べています。わたくしは，前半の治療との関連は今ここでの転移解釈を，後半の彼の成育史との関連は発生論的転移解釈を，意味していると考えます。Sterbaは「幼児期における意味」を解釈すると明確に指摘し，同時に曖昧な形ながら，分析状況の「現実」に言及しています。Strachey

はまず，空想された対象と現実の分析家との区別について語っていますが，転移解釈の2段階の「必然の流れ」として，患者は「分析家との関係で再体験している幼児期の素材に接近」できるようになる (p.34) と述べています。Freudと同様に，彼は，抵抗が克服されると，発生論的素材はより容易にかつ自発的に浮上してくる，と示唆しています。

　Stracheyが，今ここにおける転移の中で徹底操作をすること，の大切さを認識していたのは，転移解釈が変化をもたらすものであるために必要な特異性，を強調していることからも明らかです。Stracheyによると，変化をもたらす解釈は「詳細で具象的」でなければなりません。分析家はあまり厳密ではない，より一般的な解釈から始めたにしても，「いつかは患者の空想体系の細部をすべて明らかにし解釈する必要がある。そのようにおこなわれればおこなわれるほど，解釈は変化をもたらすものになる」(p.31)。Stracheyは，解釈を繰り返す必要があるのは，大部分は，たんに患者のイド抵抗のためではなく，「細部を埋める」ためであると付け加えています。Stracheyのコメントは，今ここでの転移解釈で，細部を漸進的に埋めていくことにのみ言及している，と読めるかもしれませんが，わたくしは，彼は転移外の素材をも明確化すること，そしておそらく，解釈することによって，空想体系の細部を埋めていく意味も言っていると思います。

　以下のことにも注意すべきです。すなわち，Stracheyが細部を埋めることと徹底操作とを強調するのは，Freudのイド抵抗すなわちFreudが幼児的原型の吸引力と呼んだもの，この公式化は比喩的ですし，徹底操作という観点からの公式化よりも劣っていると思いますが，の提案に替わるものを提示しているということです。わたくしは先に，イド抵抗の概念を，転移における抵抗の実際の表出と抵抗の源泉とを混同させるものだ，と批判しました。

　現時点の転移外解釈や発生論的解釈は価値がないわけではありませんが，分析状況内での転移の今ここ性から逃避する手段，として用いられる危険性が常に存在します。それらの解釈は，分析家にとっても患者にとっても，防衛としての知性化にきわめてなりやすいものですし，それら解釈の転移への影響，が検討されないままになることもよくあります。だからといって，転移理解の手がかりを得るためには，現時点の素材と発生論的な素材とを**明確化**し，解釈もしなければならない，ということを否定しているのではありません。わたくしが疑義をいだくのは，転移にまったく言及しないで，転移外の素材をそのもの

として取り扱うやり方です。ですから，分析家が実際におこなっている解釈は，大部分が転移以外についての解釈である，とStracheyが言っているのはその通りでしょうが，それが最善の分析作業の真実であるとは思えません。

　発生論的転移解釈と現在の転移解釈との相対的な価値，についてのStoneの考えは引用するに価します。彼は，あまりに早い発生論的解釈は抵抗を強めるので，今ここでの転移分析が「発生論的還元に優先して」おこなわれなければならない，と指摘しています。だが，いまの葛藤が回避されて直接的な直面化だけが唯一のアプローチになってしまっている場合は別だとして，彼は次のように考えています。「結局のところ，いまの葛藤——目下の関連で言えば，転移神経症——の発生論的分析は，他の方法では得られない，ある種の理解をもたらすだろう，それは分析家その人から転移的幻想を剥ぎ取るよう促すのである」(1967, p.46)。

　しかし他の一節で，Stoneが強調していることは，わたくしの考えにもっと近いものになっています。彼も，患者の転移を確かに転移であると患者に納得させる主なものは，過去の記憶の想起よりも，分析状況での転移の詳細な検討である，と指摘しています。彼は次のように述べています。「だから，非常に簡潔に言うと，これまでの構造化された衝動すなわち通常の反応傾向が，記憶の観点から，つまり過去の問題として，仮説的な意味ではなくて，真に受け入れられれば，転移神経症の力動についての分析作業，のほとんどが必然的に成し遂げられたのである。患者は愛情や憎しみ，個人的なことや国家的なことを諦めやすくなりはしない。愛や憎しみは遠い過去の壊滅的な挫折に由来することを知るだけである」(1973, p.51)。

　分析家の側の特別な先入見は，どのようなものであれ分析過程を歪めると一般に認識されています。たとえば，夢に特別な関心を持っていると，被分析家の夢の報告にある変化をもたらすでしょうし，その他の影響を転移に与えるでしょう。それと同じことですが，転移に特別の関心を持っていると，それが転移的な諸効果を引き起こしますし，それら自体が転移分析の主題にならなければなりません。ここに無限後退（訳注1）の可能性が生じます。実際，転移におけるある解釈は，その解釈の内容と同じ効果を転移にもたらします。たとえば，患

（訳注1）ある事柄の成立条件の条件を求め，さらにその条件を求めるといったふうに無限にさかのぼること（『リーダーズ英和辞典第2版』）

者は分析家の解釈を誘惑と受け取っている，と分析家が解釈すると，患者はその解釈を誘惑と受け取るのです。分析家は沈黙させられるかのような状況に押し込まれるかもしれません，もちろん分析家は，患者は分析家を黙らせようとしているかのようだ，と解釈することもできますが。この状況は，話すようにせきたてられていると感じないかぎり話さない患者，との間で起きることがあります。患者は，分析家のどのような介入も，自分に話させようと意図されている，と解釈するかもしれません。実際ここで，分析家は，明らかに患者からの自発的なコミュニケーションであるものに応答する場合を除いて，沈黙していなければならないかもしれません。わたくしはそうした状況を経験したことがありますが，そうした状況は，認識されていないし解釈されてもいない転移―逆転移の相互作用，に分析家がしばらくの間関わってきた場合にのみ起きるのではないかと思います。そして分析家がついにある解釈をすると，その解釈は，なおまだ，長期にわたる行動水準でのやりとりに密かに含まれていた相互作用の機能を荷(にな)っているのです。そうした状況が生じてくるのは，その分析家が，その特殊な分析状況にたいする適切な転移解釈，を見つけられないでいるせいです。分析家は，患者がすべてを現在の分析状況によって説明しつくしてしまうことのできない一個の転移，を見つけなければなりません。

　Glover（1955）は転移解釈を無差別に過剰強調する危険性について警告しています。彼は転移解釈に厳格に固執するのは，「理論的，臨床的考察の両方」の明白な放棄であると見なしています。彼は分析作業にたいする転移解釈の重要性を否定してはいませんが，「すべての分析治療のすべての段階に転移解釈を自動的に適用するように薦めて，分析治療の実践を台無しにする必要はない」（p.123）と論じています。ここでGloverが強調しているのは，個々の症例の中でも，さまざまな種類の症例間でも，患者の無意識的備給の衝撃には変動があると言うことです。「**転移の取り扱いは，それ故，個々の症例における表出に応じて変わらなければならない**」（p.123）。

　Gloverは続けて，「われわれは，自分たちの転移解釈は理にかなった正しいものだ，と確信できていなければならない」（p.130）と主張しています。誤った転移解釈は，患者に「**偽転移神経症**」を発展させるよう促すかもしれません。そうした場合，治療効果は，分析作業に基づくよりも暗示に基づきます。そして，Gloverによれば，このことは，転移解釈への「フェティッシュな」固執の危険性を作り上げます。「転移解釈を開始するそのときから，理由が正当な

ものであれば,分析治療で生じるあらゆるものを転移の表出として解釈できる,というのは正しい。しかし,どのようなときも,分析技法をラポール造りの技法に転用してはならない」(p.130;p.137も参照)。

　わたくしはすでに,分析家のおこなうことはどのようなことでも現実状況の一部であり,患者の反応を,汚染されていない転移であると見なすことはできない,と指摘しました。Gloverはわたくしが強調した原則を見落としています。それは,転移解釈が転移に与える影響も分析されなければならないというものです。もし転移解釈がおこなわれている分析治療がラポール造りの治療になるなら,それはその分析家が,転移解釈が転移に与える影響,に注意していなかったということです。先に指摘したように,このことが当てはまるのは,解釈活動が転移に与える影響,を認識しないで,転移を積極的に解釈する分析家でしょう。だけどしかしわたくしは,転移解釈が転移に与える影響をこのように解釈してみてもうまくいかないだろうということも認めます。なぜなら,まさにその解釈が同種の影響を与えるからです。分析家は,分析状況を対人関係的な場にしないでおくことはできない,という主張の正しさがまたしても例示されているわけです。

　重要なことは,分析家は,転移解釈だけをすべきだ,という頑なな原則に縛られないことです。転移外解釈が有効なこともありますし,分析家の自発的な行動も分析治療の遂行に本質的なものです。転移外解釈が有効な明確化だと思えたら,分析家はそうすべきです。同時に,分析家はその解釈が転移に与える影響の可能性,について目を開いておくべきです。そしてそれから,転移解釈が転移に与える影響についてもまた留意すべきです。

　わたくしは,転移外解釈は分析治療で一定の役割を果たすし――転移外かどうかの明確化は必ずしなければなりませんが,時間と重要性の点で,転移解釈が先行されるべきだ,と考えます。以下のことを強調すると,この原則がより受け入れやすくなるでしょう。すなわち,最初に転移に気づくことへの抵抗に注意すべきであり,そして転移解消のために意図される解釈では,まず分析状況の中の解釈が先行されるべきだとはいえ,転移外解釈,転移解釈,そして発生論的解釈が徹底操作される必要があるということです。わたくしの批判は主に,転移外解釈ばかりをおこなうことへ,それが現時点の解釈であれ発生論的な解釈であれ――すなわち,転移的意味の可能性に目を開いていないでおこなわれる解釈,へ向けられているのです。

Leitesの最近の論文と著作（1977, 1979）は，その概略を述べる価値があります。それらは転移解釈と転移外解釈の相対的役割の論点を明らかにしているからです。Leitesが正しく述べているように，文献上で適切な議論がなされてこなかった論点なのです。しかしわたくしは，転移外解釈を犠牲にして転移解釈を強調する方向へ向かう趨勢がある，というLeitesには同意できません。Leitesは述べています。「転移は，本質として，その方向が逆になり……転移はもう両親から分析家へ移動するだけではなく，分析家から患者の過去や現在のある人物へも移動する」（1977, p.276）。転移は分析家から患者の過去や現在の人物へ「移動する」，ということではなく，これらの人物についての連想の中に，転移へのほのめかしが防衛されて含まれているので，それらが明らかにされる必要がある，ということなのです。Leitesが「偽装された転移」と呼んでいるもの（わたくしが転移に気づくことへの抵抗と呼んだもの）は，実際，しばしば適切に認識されず取り扱われていません。転移があからさまではない患者の連想の中に転移の意味があることを強調するのは，治療外の生活についての患者の連想の重要性を過小評価しようとしているのではない，ということをLeitesは理解していません。Leitesの中心的なメッセージは，完全に明確なわけではありません。患者の生活の中で分析治療や分析家を過度に重要なものにしようとする傾向，と彼が信じているある傾向，を批判しているのかも知れないと思います。分析治療は，方法として用いられるのではなくそれが目的である，と誤解されることがあるのはその通りです。そういうことが生じうるのは，逆転移のため，あるいは患者が分析外の生活にたいする防衛としてあるいは代理人として，分析家を使っていることを見抜けないからです。

　Freudは書いています。「なぜなら，回復という点からすれば，患者が治療の中で，あれこれの不安あるいは抑制を克服したかどうかは，まったくどうでもよいことなのである。大切なのは，患者が現実生活でも同様に，それらの病苦から解放されることである」（1912a, p.106）。

　わたくしが信奉しているモデルは，転移解釈が神経症の分析治療であり，その治療効果はなによりも，転移分析の結果，認知的なものと体験的なものとが結合して，それが同時に——繰り返し生じたり新しく生じたりして——起きることにあるというものです。転移分析が神経症の分析治療にとって補助的なものであり，その治療効果は過去の認知的な回復にある，というモデルではないのです。

わたくしが転移分析を強調したことに好意的な批判者たちの中にさえ，わたくしが転移外解釈と発生論的解釈に十分重きを置いていない，と感じている人たちがいます。その通りなのか確信を持てません。どのような症例においても，分析家が進んで現在を強調するのか，過去を強調するのか，その程度はそれぞれ非常に異なっていると思います。最後に言いたいのは，わたくしが論じた転移を強調するような分析治療，の体験と研究がもっと必要だと信じていることです。

第9章

KLEIN学派の転移解釈

　Klein学派が転移解釈で大きな主導権を握っている理由の一つは，わたくしが表明し，Freudから引用してきたことと同じですが，彼らが，転移はしばしば患者の連想の中に密かに含まれているだけのときがある，と確信している点なのです。Melanie Klein（1952）は次のように説明しています。

　　何年もの間――そして，これは今日でもいまだにある程度その通りなのだが――転移は，患者の材料の中で分析家に直接言及している，という形で理解されてきた。最早期発達段階および無意識の深層に根を持つという私の転移概念は，より広範なものであり，提示されるすべての材料から，転移の**無意識的要素**を推論する技法を必要とする。たとえば，患者の日常生活，諸関係，諸活動についての報告は，単に自我機能について洞察をもたらすばかりでなく――もしわれわれが報告の無意識的内容を探究するなら――転移状況の中で搔き立てられた不安，に対する防衛をもまた明らかにする［p.437］。

　Hanna Segal（1967）は，「Klein学派の分析家は，古典的Freud学派の技法にもっとも厳密に従っていると考えられるだろう。実際，他のほとんどのFreud学派の分析家よりももっとそうである……というのは，他のほとんどのFreud学派は，前精神病状態の患者，精神病患者あるいは精神病質者を治療するときに，彼らの分析技法を変更するからである」（p.169）と書いていますが，彼女が言及しているのは，転移分析にとって本質的なことです。彼女はまた，分析家が患者の空想の中ではもっとも重要な人物である，と述べています。そう考えてみると「あらゆるコミュニケーションは，転移状況に関連する何かを含んでいる」（p.174）ことがわかるはずだ，と彼女は信じています。このようにSegalは，患者のコミュニケーションはすべて転移の意味を含んでいる，というわたくしの作業仮説に一致しています。

　Zetzel（1956）はKlein学派の観点を要約しています。彼女は，彼らのアプ

ローチを，転移解釈の結果，対象関係に変化が生じて，それによって治療的な変化が起きる，と断言するアプローチ，と述べています。彼女の意見では，Klein学派は「治療同盟としての転移と，抵抗の表出としての転移神経症との間」を明確に区別することに失敗しています。そして「治療的進展は……ほとんどもっぱら，転移解釈にかかっている。それ以外の解釈は，ときどき必要だが，一般に，精神分析過程に本質的な特性とは見なされていない」(p.171)。そのため，Zetzelが示唆しているように，患者が元々持っている自我の強度は，分析の作業可能性を決定するさいに，古典的精神分析における場合よりも，さほど役割を果たさないのです。

Klein学派は，Segal（1967）が言うように，患者の空想と今の外的生活の両方が患者の連想を決定している，としばしば述べます。Melanie Klein自身，分析家は，患者の人生早期の状況のみならず，それを基盤とした患者の今の体験にも等量の注意を注がなければならない，と強調して述べています。「実際，」と彼女は強調しています，「最早期の情緒および対象関係に接近するには，その後の発展という視点から，それらの変遷を調べなくてはならない。後の体験に早期の体験を，そして早期の体験に後の体験を，何度も何度も関連づけること（それは困難な忍耐のいる作業だが）によってのみ，そして，また，それらの相互作用を常に探究することによってのみ，現在と過去は患者の心の中で結合できるのである」(1952, p.437)。

にもかかわらず，患者の今の外的生活や分析家との今の現実的関係は，Klein学派の解釈ではほとんど考慮されない，という信念が広く行き渡っています。不幸なことに，事実，相互交流の生データをたくさん記述している分析治療の報告はほとんどないので，その点について，確たる結論に至るのは困難なのです。Klein学派の文献では，報告された転移解釈の多くは，原始的空想についてのもので，分析状況の内部であれ外部であれ，患者の現実生活についてはほとんどないしまったく触れられていません。それとは反対に，非Klein学派の分析家たちは，転移態度が，原始的段階のものからより現実適応的段階のものまで階層をなしているのを観察しています。彼らが，転移解釈は分析状況の現実から出発しなければならない，という意見ではない場合もです。

ここに，分析状況の現実の役割についての，矛盾した意見の一例があります。Klein学派の一人であるPaula Heimannの諸論文の中に見られます。1950年に，彼女は，転移において患者が過去の対象体験を反復する点を考察して，分析家

は，患者の反応を引き起こした自分自身の役割，もある程度見きわめなければならない，と指摘しています。「分析家は自分自身のこと，自分の個人的特性などに気づいていなければならない，すなわち，患者に反応を引き起こす――正確な知覚の反応と歪曲された知覚の反応の両方とも――ものとしてである。そうして生じた反応は，患者の自発的な表出物と相互に関わりあうのである」(p.307)(訳注2)。

しかし後に1962年になって，彼女は，生得的な羨望と感謝が分裂と投影の防衛を生じさせ，それが複雑な心的過程へと導く，という仮説を引用しています。こうした「本能的」情動の衝撃を認めて，Heimannは，分析家は分析状況における早期母子関係の重要性に注意しなければならない，と主張しています。そしてそこで，彼女は「分析家の仕事の本質的な部分は，患者のもたらす素材が分析家自身に関連しているときに，その素材に密接に付き従っていくことにある」と示唆しています。Heimannはその後で，Segal (1962) の症例報告に典型的に表れている，Klein学派の「技法の変化」を示しています。Segalの報告では「分析家を観察して抱く患者の現実の恐れと空想は，解釈にとってまったく重要ではないようである。むしろ分析家は，患者の羨望，分裂そして投影に焦点を当てる」(p.231)。この意見は，分析家との今の現実の関係の重要性を低く見積もっています。にもかかわらずHeimannはまさに同じ頁で，洞察が「効果あるものになるのは，治療体験が情緒的変化と今現在の分析状況に付随している**備給**を含む場合だけである」(訳注3)と主張しています。そして彼女は繰り返し主張します。「すべての情緒的に重要な洞察には，現在の今の現実の刻印が必要であり，その故に分析家が重要な治癒要因になるのである。分析家は患者の**転移―対象**と**転移―自己**の二重の役割を果たすのである」(p.231)。

今から，いくつかのKlein学派の症例場面を示して検討します。それは，分析状況の現実にそれとなく触れられてはいますが，その現実が「深い」解釈の基盤としてどのように用いられているのか，しかも到達した結論を正当化する

(訳注2)「この部分はHeimannの1950年の論文にはなく，Gillの本のreferencesには出ていませんが，Heimann, P. (1956), Dynamics of Transference Interpretation. International Journal of Psychoanalysis, 37：303-310.に該当箇所がありました。」

(訳注3)「この箇所の英語は，"will only be effective, if the experience includes" ですが，Heimannの原文は，"will be effective only if the experience includes" です。」

橋渡しになるデータを何も示さないで，結論づけているのか，を示すためです。

　Segal（1962）は，自分のアパートが煙草のみの群衆に侵入されてしまった夢を見た患者，について報告しています。夢についての彼の連想には際立った省略があった，と彼女は述べています。すなわち，患者は分析家がひどいヘビー・スモーカーだという事実にはなにも触れていないのです。彼女はその夢から，「分析家は，彼の手の届かない外的な理想的対象と，内的な貪欲で汚い煙草のみとに分裂されている」（p.213）と結論づけています。この症例を検討してHeimannは次のように問うています。「患者が，治療者の喫煙によっていかに迫害されていると感じているのか，を分析家に伝えるために，夢を用いなければならない，というのはどういう意味だろうか？……Segalがこのきわめて重要な転移内容に注目しなかったとは信じられないが，にもかかわらず彼女は解釈の中で，治療作業のこの部分にはまったく言及していない」（1962, p.230）。Heimannは続けてSegalの解釈，すなわちその夢は分析家が迫害的人物と「手の届かない」理想化された人物とに分裂したことを表している，という解釈に反対しています。彼女は，分析家に言及していることが唯一非常にはっきりしているのは，その夢の細部であると述べています。その夢の中で，患者の妻は，彼の代わりに分析セッションに行った，と患者に言っているのです。Heimannによれば，「分裂していることが明らかなのは……夢を見ている患者である……こうして私にとって夢が転移の中で表現しているのは，口唇期的，肛門期的そして男根期的母親への患者の恐怖であり，患者は自分のペニスを守るために，彼女から自分の男性性を引き離しておかなければならないのである。安全なのは，自分の女性的な自己を彼女に差し出すことだけである。連想の中で，分析家の喫煙についてのどのような連想もあからさまに省略したのは，自分を女性として差し出すことで，ある程度自分を装っているからである」（p.230）。

　Segalは，分析家がヘビー・スモーカーだということについて患者が言及しなかった，と指摘しているので，彼女は今現在の現実に注意を向けているかのようです。にもかかわらず彼女の解釈は，彼女自身の喫煙という現実と，患者が言っている汚い煙草のみの内的対象という空想との間に，何も橋を架けていません。Heimannもまた，患者が分析家の喫煙についてどのように感じたかを分析家に伝えるために夢を用いなければならない，という事実に注意を払う

必要があると示唆することで，今の現実を強調しているかのようです．しかし，彼女の解釈は，Segalの解釈とは異なってはいますが，患者が分析家の喫煙に言及しなかったのは，患者は自分の女性的自己を分析家に偽って差し出しているという意味だ，という複雑な思弁には，なにも証拠が与えられていません．

Segalのもうひとつの症例が，Freud学派とKlein学派の転移解釈を対比させたGreenson（1974）の論文の中で検討されています．Segal（1967）は，ある研修生について記述しています．彼は，資格を得るつもりだし，同時に，「可能なかぎりの最短の時間に，できるだけすべての分析を入れ込むつもりだ」と宣言して，初回セッションを始めました．自分の消化器の持病について話した後，この患者は，別の話題の中で，乳牛について触れました．「彼は，分析家との関係についての空想のイメージを非常にはっきりと提供したので」，とSegalは主張しています，「私はすぐさま次の解釈をおこなうことができた．すなわち，彼を母乳で育てた母親のように，私は乳牛であり，彼はできるだけ早く，貪欲にも私の分析——ミルク——をすべて抜き取って，私を空っぽにしようとしている，と．この解釈は，母親を空っぽにし，食い物にしたことに関連した彼の罪責感についての素材をすぐさまもたらした」(p.175)．

Greensonは以下のように論じています．すなわち，そうした解釈に利用できる発生論的素材は何もないし，その解釈は，被分析家には知的な意味しか持たなかっただろう．できるだけ早く分析家から多くのものを得たい，という被分析家の欲望に焦点を当てるのは正しいとしても．さらに，母親を食い物にすることに関連した素材はたしかに解釈の後から生じてはいるが，分析状況は患者が母乳で育てられたことの反復である，という分析家の解釈を正当化するには，その乳牛は手がかりとしては不十分である．さらにまた，分析家は，患者が分析家を貪欲に食い物にしていて，そうすることに罪責感を抱いていることは無理からぬことだ，と患者に示せるような，今現在の分析状況のことについて，何も示していない，と．

Greensonの論文に答えて，Rosenfeld（1974）は，GreensonはKlein学派の立場を正確に述べていないと主張し，今現在の現実状況と確かに関連していそうな初回面接のある解釈，の例を提示しています．それでもわたくしは，GreensonはKlein学派の立場の本質を正確に述べていると思います．もっとも，彼らの主張やたまに提示される実例は，今現在の現実に適切な注意を払っているようですが．

分析状況の現実を無視した転移解釈，へのわたくしの批判の亜種は，Glover (1955) の「患者の症状や性格上の諸問題という文脈から離れた転移解釈」(p.75) という批判に見られます。彼は，以前に肛門性愛的反応をしたある強迫患者の例に基づいて，その患者の料金の支払いが初めて遅くなったときに，分析家がいかに肛門性愛的な解釈へと飛躍するのか，という例を提示しています。分析家のしたことは，とGloverは論じています，患者の性格的な反応に単に「コメント」したにすぎず，その反応が患者の早期体験とどのように結びついているのかについて何も示していない。その結果，患者は解釈の真意を理解し損ない，自分の統合性が問題視されたと感じるかもしれない。さらに，患者はこのコメントを，分析家自身の金銭についての不安の単なる反映と考えるかもしれないと。Gloverが記しているように，「金銭と糞便が無意識的な象徴等価物であることは十分に確立した分析的事実である。しかし分析治療における象徴性の解釈は，目的達成の手段である。われわれは解釈に着手する前に，その目的の方をはっきりと念頭に置くべきである」(p.75)。
　だがしかし，転移解釈は患者の症状あるいは性格という文脈での*み*おこなわれるべきである，という意見にわたくしは賛成できません。転移解釈は分析家が抱いている何らかの理論的前提から単純におこなわれるべきではない，という意見には同意しますが，わたくしは，分析状況の今現在の現実を明確化することが，転移解釈をするための適切な理由である，と論じたいのです。
　転移解釈が治療の中心であると強調することは，Klein学派の技法と，そして前言語的現象の解釈が必須だというKlein学派の主張と，非常に密接に結びついてきたので，Klein学派の技法は，前言語的現象の解釈と必然的に結びついている，と考えられることが時々あります。たとえば，Anna Freud (1969) は，「発達の言語段階から前言語段階へと分析を進める」(p.146) 試みに関する論争に注意を喚起しています。彼女はKlein主義についてはっきり言っているわけではありませんが，意味しているところは明らかです。
　発達の後の段階に必要な技法と，それとは対照的な発達早期の段階への接近に必要な技法との違いについて述べて，Anna Freudは「患者の合図や信号を分析家が直感的に理解すること」が強調されていると指摘しています。なぜなら，彼女が指摘するように，記憶や言語的想起によって前言語的過去にさかのぼることはできないので，反復と再演が重要な手がかりになるのです。「そのことが」，と彼女は信じています，「今日の多くの分析で，転移を通してのコミ

ュニケーションが非常に重要視される理由である。すなわち，転移解釈だけが唯一治療的効果をもつものと考えられており，そこでは，転移現象は必然的に，記憶，自由連想そして夢以上に，無意識に到達するための唯一の道となる」(p.147)。

そして「分析過程で，他のすべてのコミュニケーション手段を除外して，転移にそのような中心的で独自な役割を与えること」への反論がある，とAnna Freudは論じています。彼女は，転移が実際に患者をそうした最早期の体験に連れ戻せるという信念を批判しています。彼女の意見では，「それは前もって形成された，抑圧から回帰すべく対象と結びついた空想であり，内界から外界（たとえば分析家という人間）へ再び向けられたものである。しかし……患者を分析によって前心理的な，未分化な，非構造的な状態，そこでは身体と心あるいは自己と対象の区別が存在しないのだが，へと戻せるというのは，まったく異質なほとんど魔術的な期待である」(pp.147-148)。

それとは反対に，わたくしは，転移現象に第一に注意するのは，必ずしも転移現象を「記憶，自由連想そして夢以上」のものにすることではないと思います。なぜなら，それら**すべて**が転移の手がかりを提供するからですし，それは再演がそうであるのとまったく同じです。また転移に特別な注意を向けるのは，Anna Freudがほのめかしているような，前言語的発達段階についての推測，に特別な注意を向けるという意味では必ずしもありません。

Strachey (1934) は，異なった観点から，転移解釈における変化をもたらす解釈を提起する中で，超自我転移に焦点を当てています。すなわち，分析家への患者の超自我態度の投影です。繰り返しますが，わたくしは転移解釈を，超自我的側面の分析に限定したくないし，それだけを取り出すことさえしたくないのです。にもかかわらず，Fenichel (1938-1939) は，Stracheyの論文を読み違えて，Stracheyが主に強調しているのは分析家の慈悲深い超自我の取り入れであると考えています。実際のところ，Stracheyが強調しているのは，転移の解釈なのです。

Stracheyが，彼はMelanie Kleinの影響を受けたのですが，この1934年の論文で，深い解釈について何を言おうとしているのか考えるのは，興味深いことです。彼は，深い解釈を以下のように定義しています。「患者の現実の体験から発生論的に早期で，歴史的に遠く隔たった素材か，あるいは……特に強く抑圧されている素材で，どのような場合でも，通常は患者の自我にとってきわめ

て接近が難しく，患者の自我から遠く離れた素材，の解釈」(p.29)。一般的に，彼は，そうした素材には分析治療の後になってはじめて，しかも徐々に到達できると考えています。わたくしは，このことは実際には以下のことを意味していると思います。すなわち，たとえ素材が発生論的に早期のものかあるいはかつて強く抑圧されたものであっても，その素材は，もはや患者の自我から隔たっていない。つまり患者の体験にとって接近が難しい，という点からしても，もはや「深い」ものではない，と。衝動が切迫している特別な場合では，それはStracheyの定義では「深い」衝動であるものの，Stracheyは，重篤な不安の危険性がどのようなものであれ，「深い」解釈をする方が，解釈を与えなかったり，切迫していない素材へのより表面的な解釈を与えたり，あるいは保証を与えることよりも安全だと論じています。わたくしには非常に疑わしく思えるのは，彼の記述している状況が，かつて実際に生じたことがあるのだろうか──すなわち，患者の今現在の体験に接近できる表象を持たない切迫した衝動，などというものがあり得るのだろうか，ということです。

わたくしがKlein学派の立場に基本的に同意しているのは，転移は常に存在していると強調している点と，転移解釈を与えることが中心であり先行されるべきと強調している点です。わたくしが同意できないのは，彼らがそうではないと主張しているにもかかわらず，Klein学派が，実際の分析状況の今現在の現実と適切な接触をもたないまま，不適切な深い転移解釈をするように思えるところです。

Klein学派が転移を強調することが，非Klein学派の分析では転移に適切な注意が払われていない，とそれとなくあるいははっきりと感じている多くの分析家たちにアピールした理由，の一つではないかと思います。たとえばここにKlein学派の一人であるPearl King (1962) の症例報告があります。ここには転移への細やかな注意が示されているだけでなく，転移における同一化の解釈の例も示されています。わたくしは本書の前の方でLipton (1977b) によるこの現象の記述に言及しましたし，Freud学派の転移の文献では明確にされることがまれだと述べました。

　ある男性患者の分析の例を提示しよう。彼の幼児期の主要な記憶は，一緒に遊んでよと母親を呼びながら両親の家を歩き回ったというものである。彼には母親が遊んでくれた記憶がなく，彼は母親は家事や縫い物や読書に没頭しているのだと考えていた。

何カ月も彼は私をこの母親のように扱った。私が何もしないと不満を言い，自分に感情と生きる意欲を与えて欲しいと要求した。解釈は意味あることとして受け取られ，その後の連想や夢に表れる他の素材から，解釈の正しさは支持された。にもかかわらず，患者は分析が何の影響も及ぼさないと不満気に言ったり，得意気に言ったりした。そしてセッションの終了時には分析を完全に閉め出しているんだ，と言った。彼は私についてつまり分析について「考える」ことができない，すなわちシャッターが降りてしまうのだ，と言った。何カ月も過ぎた後で，私は自分が少しイライラし，締め出されていて，役に立っていないと感じていることに気づき，自分の技法を検討し始めた。突然分かりはじめた。患者が私に提供している言語的素材の点からすると，私は明らかに彼と（性的に）遊ぼうとしなかった母親であり，要求に応じて彼に授乳しなかった母親だった。同時に，彼の「行動的素材」の点からすると，彼はいわば役割を逆転させて，私は子どもにさせられ，子どもとして感じさせられ，そして彼が感じたことを体験させられたのである。私は，転移関係の中のこの関係に作用していた無意識過程，に私自身が方向を向き替えることができたのは手がかりがあったからで，その手がかりになったのは，私の瞬間的な苛立ちの感情だった，ということを理解したのである……私はまた彼に，こうしたことは，感情が混乱しすぎて言葉にできないときに彼がどのように感じたのか，つまり彼自身の一部が言葉から切り離されているということを彼がどのように感じたのか，を私に理解させようとする彼の無意識的なやり方だ，と指摘できたのである［King, 1962, p.226］。

　この例は，良い技法のいくつかの特徴を描写した非常にすばらしいものです。分析家は，患者の彼女自身との現在の関係が，転移における置き換え（彼女は母親と見なされている）というだけではなく，同様に同一化（彼女は患者と見なされ，一方患者は母親になる）の再演だ，ということを認識するようになるのです。彼女が「適切な」解釈だけを投与しようとしたことは，おそらく患者によって，遊ぶことを拒んだ母親と同等視され，一方，彼が分析家の分析作業から影響されないままだったのは，母親として分析家（今は彼自身）と遊ぶことを拒んだということなのです。ここでKingが明確に示してくれているのは，今現在の現実的関係の二人の当事者による転移の再演です。その他に，彼女の苛立ち感（おそらく「瞬間的」より長い）が，転移が再演されていることを認識できた手がかりだった，と彼女は強調しています。しかしわたくしは，患者は，感情が「混乱しすぎて」いたために，彼がしたと言うように振る舞えたのか疑問です。彼の行動を説明するには，転移に気づくことへの抵抗で十分です。

わたくしは，Klein学派の分析への反発心が，非Klein学派の分析で転移が強調されないできた重要な理由なのではないか，と思ってきました。しかし，たとえ非Klein学派の分析家たちがKlein学派の論者たちを比較的無視した（少なくとも合衆国の大部分の地域では）からとはいっても，それだけが理由ではないように思います。転移に関するもっとも刺激的で有益な論文のいくつかは，アルゼンチンのKlein学派の一人であるHeinrich Racker（1968）のものです。しかし非Klein学派からは彼に十分な注意が払われていません。

第10章

FREUDの遺したもの

Freudの技法はいつ完成したのか

　歴史的観点から言って，わたくしは，精神分析の完成された技法はFreudが指示しての連想法を捨てて自由連想法を採択し，そしてカタルシス法を捨てて抵抗と転移の分析を採択した時点，間違いなく1900年までに確立されたと主張します。さらに，わたくしが主張したいのは，Freudは技法の上記のような本質的原則を運用面では改良してきましたが，一生を通じて技法そのものを変えはしなかったし，分析技法は彼の死後改良されてこなかったということです。変化があったとすれば，分析家の応答を次第に制限してきたことがあります。それは技法の中に含めるものをどんどん広げてゆき，沈黙をひとつの技法に昇格させたことと相関関係にあります。

　FerencziとRank（1923）は，Freudの技法がBreuerのカタルシス法を超えて大きく前進したのは，Freudが「転移の基本的な重要性」を認識したからだと記述しています。彼らの意見では，「技法のその後の発展はすべて，『その基本的洞察』を単に練り上げたものにすぎない」（pp.58-59）のです。

　Racker（1968）は，Freudの技法は20世紀の最初の10年が過ぎた後で変化した，という考えに強く反対しています。彼はDora症例（1905）やねずみ男症例（1909b）の治療でのFreudの積極的な関わりを強調しています。Rackerの関心を引いたのは，「Freudがたえず解釈を続け，詳細な，時には非常に広範囲にわたる解釈（患者の話す量とほとんど同じくらい話して）をおこなっており，そのセッションがまぎれもなく**対話**になっているということである。『古典的技法』の概念を，患者側のモノローグが主流であり，分析家側がたまにそれも一般には短い解釈をおこなう形と結びつける人たちにとっては，わたくしが指摘したように，その点でFreudは『古典的な』分析家ではなかった」

(p.35) と結論づけざるを得ないでしょう。

Rackerは続けて，Freudが後になって技法を変えたとか，異なった技法をすべきだったと考えていたという証拠はどこにもない，とはっきりと主張しています。「反対の証拠が示されない限り，違う考え方をする根拠がないのであって，その点で，Freudは［彼の］初期の2症例で用いた技法から外れなかった，と考えておいていいのである」(p.35)。

1920年以降のFreudの全著作を技法との関連という点から検討して，Lipton (1967) は，Freudの「中心的な関心は，分析技法の発展ではなく，その**維持**であった」(p.90) と結論づけています。その点からすると，技法の改良だと申し立てられたいくつかのものは，実際にはFreudの分析技法からの逸脱と言うことになりますし，新しい分析技法だとの主張は，実際には逸脱を否定しようとする試みにすぎないことになります。現代の分析技法についてLipton (1977a) が検討した中で興味深いのは，彼がRackerが到達したのと同じ結論を述べていることです，すなわち，現代の分析技法は対話から，つまり会話から，モノローグへと移動してしまったように見える，という結論です。

Freudは患者たちと平気で個人的関係を持ちましたが，文献上そのことがFreudの技法への批判の中心点になっています。つまるところその批判は，Freudは患者たちにしたような「非分析的な」ことをすべきではなかった，という言い方になります。たとえば，ねずみ男症例でのFreudのそうした振る舞いには，ねずみ男に食事を与え，贈り物をし，患者が表現することに大きな困難を抱えているとすぐさま推測し，ポストカードを送り，彼の女友達の写真を見せてくれるように頼むなどが含まれています。

このことが実際Freudの技法への批判の中心点ならば，彼の技法が変化したのか改良されたのかについて，どのような議論もほとんどできません。Freudが技法的な関わりに加えて，個人的関係の中で患者たちと関わり続けたことは，わたくしたちが得ることのできるFreudの被分析者たちの報告から明らかですし，Lipton (1977a) が指摘しているように，そこでのFreudの振る舞いは，ねずみ男にたいする振る舞いと何も変わるところがありません。(Wortis, 1954 ; Doolittel, 1956 ; Blanton, 1971 ; Riviere, 1939, 1956 ; Saussure, 1956 ; Alix Strachey ［参照Khan, 1973］; Kardiner, 1977)。

この点でFreudを批判する人たちは，Freudが自身の中立性の忠告に従えていないし，患者と関わりすぎていると言います。彼らは，Freudがおこなっ

た相互作用によって，彼の分析は彼という人格からの影響に計り知れないほど依存するものになった（転移性治癒）し，その影響を彼は転移の中で分析できなかった，と主張します。こうした批判者の意見では，現在の，相互関係の少ない分析家は，より純粋な，より効果のある分析をおこなっていることになります。わたくしも，Freudは彼が望んだかもしれないほどには転移を分析しなかった，と論じるつもりですが，その理由を，彼が患者との技法的関係と同時に個人的関係を持ったからだとは考えていません。わたくしはすでに自分の見解を述べました。すなわち，現在の分析実践の主要な傾向は，個人的関係を，分析状況に必然的に存在する現実部分として認識し，転移へのその影響を分析して取り扱わなければならないもの，とする代わりに，個人的関係を消し去ることなのです。どこかが間違っていたと思い込まれて，作業同盟に関する種々の概念が作られ，それらの同盟概念をおし進めることを技法の指針としたのです。実際の問題はどこにあるのか理解されてこなかったのです。すなわち，あらゆる関係を技法の中に組み入れるのは誤りですし，転移に及ぼす現実状況の影響を分析し得ないことも誤りです。

Freud以降の技法

わたくしの観点は，Freudは一生を通じて技法を変化させ改良し続けたし，その変化と改良は彼の死後も続いてきたと一般に信じられていること，と衝突します。理論においても技法においても，着実に進展しているという一般的な気分があります，まるで時間とともに必然的に改良されなければならないかのようです。「治療同盟」や「現実的関係」などの新しい用語の出現は，技法についての新しい洞察や改良のしるしであるかのように見なされます。このような一般的な気分が誤りであることを立証する明瞭な声明がいくつかあります。そこでは技法の諸原則は，Freud以降どのような本質的な変化もしてこなかったと断言されています。

たとえばKanzerとBlum（1967）は，まずいくぶん曖昧に主張します。すなわち，古典的な精神分析は「Freudの死以降，構造論の面で常に［発展し］続けてきた」し，Hartmannの貢献は臨床的接近に影響を与え，自我の適応機能と自己調節機能をより強調するようになった，と（p.138）。それにもかかわらず彼らは，古典的精神分析はその核においては，理論としても技法としても，

「相対的にほとんど変化してこなかった」と指摘しています。彼らが目にしている変化は「理論や技法の形式的な諸側面よりも，個々の分析家の考え方や，技法の用い方として判断されるような変化である」(pp.138-139)。KanzerとBlumは基本的技法を以下のように要約しています。「1．分析状況の中で転移神経症を引き出し展開させること；2．患者—医者関係を言語的媒介によって組織化すること，そのことによって解釈が分析家の特別な道具になり，洞察が人格の治療的修正を始動し導く有効な力を持つようになる」(p.139)。

Freud以降，技法は改良されてきた，という見解に同意しないのは，ある程度定義の問題にかかっています。(1) ある技法の適用範囲の増大を，技法そのものの変化と考えるべきなのでしょうか？ わたくしは，転移解釈はFreudによって常に実施されてはこなかったと主張しますが，この運用の差をわたくしは技法の変化とは定義しません。そうする人もいるかもしれません。わたくしはこの点を，Kanzer (1980) の，Freudの技法は1914年以後まで，すなわちねずみ男症例や狼男症例の後まで完成しなかった，という見解との関連で詳細に検討したいと思います。(2) 当然のことと考えられてきた技法の諸側面を明確に公式化することを，技法の進歩と考えるべきなのでしょうか？ わたくしの立場はそうは考えないというものです。そのことは，患者と分析家との現実的な関係についてと，治療同盟や作業同盟についての議論の中で示してきました。(3) 人間の心についての知識の増加と技法の進展とを区別することは正当なことでしょうか？「精神分析の今後の可能性」(1910b) の中で，Freudは精神分析領域における「内的な進歩」を「分析的な知識」の進歩と技法の進歩とに分けて区別しています。

Freudが一生を通じて，人間の心についてのわたくしたちの知識に貢献し続けてくれたのは確かです。しかし「技法」は人間の心の本質とは関連していません。精神分析を実践する方法，の基本原則に関連しているのです。もし防衛機制がFreudの時代におけるよりも，現在の方がもっと理解されているなら，技法はより効果的に実践されるでしょう。しかしそれは技法が変化したという意味になりません。エディプス体験や前エディプス体験の相対的な重要性を評価しなおすとか，性的願望や攻撃的願望の相対的な重要性を評価しなおすなどの主要な転換でさえ，ここで定義しているような技法の変化を引き起こしてはいません。それらは分析家に理解すべき内容の種類について警告するだけなのです。Lipton（私信）は手術の比喩を提案しています。無菌法は外科手術の標

準的な技法の一部です。ですが無菌法のための新しくてより良い薬品の発見は，技法そのものの変化ではありません。

　理論の変化は技法の変化とは区別されるべきです。1900年以前に，Freudは防衛は無意識であると仮定していました。しかし局所論から構造論への移動に伴って，彼は防衛を**無意識**から無意識的自我へと移し替えました，がそれによって技法にとってどのような違いがあるのでしょうか？

　Hartmann（1951）は自我心理学の技法的意味について書いています。彼もまた，知識の増大と技法の進展とを区別しています。「純粋に技法的な発見，すなわち除反応や抵抗分析のようなものを，われわれは精神分析の最近の段階では発見していないが，一連の体系的な心理学的，精神病理学的知識は非常に増加してきた」（p.32）。Hartmannによれば，新しい理論によって諸事実の覆いを取ることが容易になるし，そうした諸事実間の結び付きを認知することも容易になるのです。言い換えれば，理論は知識と理解とを増やすのです。しかしHartmannは技法の細分化を「より具象的な，より的を絞った解釈へ向かう傾向」（p.38）としてしか言及していません。

　自我心理学と精神分析療法の解釈についての論述の中で，Kris（1951）は同様の観察をおこなっています。構造論と近年の攻撃性や前エディプス葛藤の概念について指摘して，彼は以下のように記しています。「精神分析の文献世界を歴史的に概観してみると，こうした新しい洞察は治療に反響を及ぼしてきたが，その影響は主に解釈の内容についてであり，狭義の治療技法に影響していなかったのは確かだと思う」（p.18）。

　Glover（1931）は，ほとんど同じ点を指摘しています。精神分析は「暗示のもう一つの形態」にすぎないという仮想上の批判者の議論に対抗するために，Gloverは分析技法の連続性を強調しています。彼は，知識の拡大によって解釈をより完全なものにすることはできたが，治療の基本的諸原則は同じままである，と強調しています。Gloverによると，「精神分析は，情緒的分析的拘束を，それが肯定的なものであれ否定的なものであれ，常にできる限り完全に解消しようとしてきた。精神分析は常に，客観的な理解が行き着く最大限のところにまで解釈を進めてきた」（p.361）。知識のすきまとそれ故の解釈の不完全さがあろうとも，精神分析は常に，「抑圧の拘束を緩め」ようとしてきたし，「知られているすべての防御的置き換えの向きを変えさせ」ようとしてきた。「要するに，……精神分析は知られている心理的真実をいつも提供してきたの

である」(p.362)。Gloverは，精神分析の適正さにたいする初期頃の批判者の攻撃は，「悪い精神分析」か「偽りの精神分析」にのみ当てはまる，と結論づけています。

自著の技法論（1955）の序文で，Gloverは，同様の議論を若干異なった形でおこなっています。彼は，技法のどのような拡張にも「自然な限界」があると指摘しています。彼は，ある特定の障害に関連した諸要因についての知識が増加すると，より特殊で正確な解釈ができるだろうと認めてはいますが，「分析状況それ自体は，いくつかの簡単な法則によって支配され続けるだろう」(p. v) と主張しています。彼の意見では，患者たち，彼らの障害，そして分析家たちは「大きくは変化しない」のです。転移の経過も理論の進歩によって変更されることはないのです。技法の基底にある諸原則は変化してこなかったのです。かくしてGloverは強調しています。「特定の疾患に応じて，解釈の量をいかほどにしても，分析状況を統制しようといかほどに試みようと，精神分析の基本的な作用が十分に理解されなければ，成功へのいかなる希望も持てない」(p. v)。

転移に関するFreudの議論の検討

ここまでFreudの完成された技法の確立について論じてきました。わたくしの主張は，自由連想と転移分析や抵抗分析の基本的諸原則が組織化された後からは，彼の技法に重要な変化は生じなかったということです。しかし，以下のことを示すことはできると思います。すなわち，Freudによって転移分析が中心だということが次第に系統立てて論じられ，おそらく実施されてきたのですが，彼の転移分析は，わたくしがそうあるべきだったと考える第一の地位にも中心の地位にも到達していないのです。そのことを明らかにするためには，転移に関する彼の諸論文を検討する必要があります。

治療における知的諸要因の役割，についての彼の意見を最初に吟味します。なぜなら，わたくしの主張は，転移分析の代わりとなるもう一つの方法というのは，神経症の力動を，患者の今の生活状況に表れていると見なし，加えてあるいは代わりに，現在を説明しうる過去の記憶を探究するやり方である，ということだからです。これらの2つのアプローチが感情を伴ったそのとき，を扱えないかぎり，わたくしはその2つのアプローチを主知主義的アプローチと命

名します。

　新しい理論的観点と，転移における再体験をより強く強調することとの間に何の関連性もないことに気づいて，Kris（1951）もまた，精神分析における転移分析と知性化傾向とを対置させています。Freudの「ねずみ男への明らかに知的な教化」を引用しながら，Krisは，このことは「転移における再体験をより強く強調することにすぐに取って代わられたが，その変化は，完成された理論上の観点とは明白な直接的関係を持っていない」（p.17）と書いています。彼は転移の取り扱い方が改良されたのは，「新しい理論上の洞察」によるものではなく，臨床体験の増加によるものと考えています。彼はそのことを，「治療において徐々に自信を獲得する過程で，あらゆる分析家の成長における形成期の10年を特徴づける過程」（p.18）に喩えています。

　Lipton（1977a）は，ねずみ男症例が「明らかに知的な教化」を示しているという考えに反対していますが，Freud自身，初期の技法（どれほど初期なのか不明ですが）には主知主義的諸側面があった，と認めています（参照1913, p.141）。実際，Freudは患者の知性と共同作業することにかなりのアンビバレンスを示しています。彼は，あることについての患者の知的理解は，そのことについてのFreudの理解と大きく異なっている，患者の抵抗が解消された後でもそうである，と幾度も指摘しています。知的理解の価値そのものをこのように低く見ておきながら，それにしばしば並置させて，Freudは，患者にある可能性を示唆することは，それにもかかわらず「予想としてのアイディア」として役立つし，患者が抑圧していたものを意識化する助けになる，と指摘しています。言い換えれば，Freudは主知主義的アプローチを批判したうえで，それらは有益な目的，すなわち葛藤に動きを与えること，に役立つと提案しているのです。このアンビバレンスが明白な例はハンス少年の症例です。ここでFreudは「この知識を伝えることで患者を治そう」と期待することについて，分析家たちに警告しています。しかし同じ文章の中で，彼は，患者は「無意識のコンプレックスを，**それが繋ぎ止められている**無意識の中から発見するのに[この情報］を役立てる」（1909a, p.121）と述べています。

　同様の例はFreudのねずみ男の治療記録（1909b）にあります。ある一節が本文中にあり，主知主義の好例と見なされうるものです。にもかかわらずFreudは脚注の中で，こうした議論の目的は確信を作り出すことではないと述べています。「それは，抑圧されたコンプレックスを意識の中へと導き，意識

的な精神活動の領域の中でその葛藤を解決し，そして無意識から新しい材料が出現するように促すことにある」(p.181n)。別の一節でFreudは患者に次のように言ったと説明しています。「あなたは自分の性格に内在するそのような特徴のいずれに対しても，まったく責任がないということを論理的に考えるべきです」(p.185)。しかし再度，脚注の中でFreudはそうした主知主義的アプローチを批判しています。「私はこのような議論を，それらが無効だということをもう一度自分自身に証明するために，ここに持ち出したにすぎない。私は，他の精神療法家たちが，このような武器を用いて神経症と闘い成功したとどうして主張できるのか理解できない」(p.185n)。なぜ彼はそれらの無効性をさらにもう一度表明しなければならなかったのでしょうか？　彼には確信がなかったのでしょうか？

「『乱暴な』分析について」(1910c)で，Freudは以下のような誤解を指摘しています。「患者は一種の無知のために悩んでいるのだから，情報を与えることによって，その無知を取り除いてやれば……患者は回復へと向かうはずである。病理の要因は患者の無知そのものにあるのではなく，この無知の根は彼の**内的抵抗**の中にある」(p.225)。彼はその後，この種の情報提供のための2つの前提条件を示しています。（1）患者自身が抑圧されたものの意識化に近づいていること，（2）患者が「医者に対して強い愛着（転移）を感じるようになり，この医者に対する情緒関係のせいで患者が医者から新たに逃げ出そうとしないようになっていること」(p.226)。

「分析医に対する分析治療上の注意」(1912b)において，Freudは，患者が知的理解を得るという問題，に特に取り組んでいます。彼は，患者がこの認知的理解を活用できる程度は患者の人格によって異なると考えていますが，「慎重さと抑制」が必要であると忠告しています。彼の考えでは，患者が「何よりも学ばなければならないもの，それは誰にとっても決して容易なことではないが，は，あることについて熟考する，すなわち注意を集中させる，というような精神活動は，神経症の謎を何一つ解決しない，そうではなく神経症の謎は，精神分析の基本原則に辛抱強く従うことによってのみ解決されうる，ということである」(p.119)。ここでFreudは，特に，知的議論の方へ分析作業の方向を変える傾向のある患者にたいして基本原則を遵守させる必要性を指摘しています。彼はまた，患者が精神分析の著作を補助として用いるよりも，「個人的体験によって学ぶ」ことを望むと強調しています（pp.119-120）。

にもかかわらず，1913年になってふたたび，患者の中で意識上に知っていることと知らないことが結びつくさまを記述した後で，Freudは，次のように追記しています。「抑圧されている素材を患者の意識へ話してやることが，まったく何の効果も生じないわけではない。症状を終わらせるという当初期待された成果は得られないが，他のさまざまな成果が得られる。まず諸抵抗を引き起こす。そして次に，それらの抵抗が克服されると，一つの思考過程が生じて，その過程の中で，意識下の記憶に対して期待した影響が現れるようになる」(p.142)。同じ論文の後の方で，わたくしがすでに述べたように，彼は「患者の知的関心と理解」が有用であることを示しています。しかし，彼はすぐに続けて，「抵抗によって生じた判断力の曇り」(p.143)によって，そうした知的理解の役割は限定されたものとなると述べています。

　二，三年後に，彼が次のように言っていることに気づきます。「われわれは，どのようにして抵抗を除去するのだろうか？……われわれが共同作業をする患者側の原動力は何であろう？……第一に健康になろうとする患者の欲求……第二に患者の知性の助力である。われわれは解釈によって患者の知性を支えるのである」(1916-1917, p.437)。

　この発言は，再度知的要因に重要性を与えているかのように思われますが，彼の最後の著作の一つである「終わりある分析と終わりなき分析」では非常に異なったことを言っているように読み取れます。「われわれ自身が洞察したことの明確さを，われわれが患者に作り出す確信の基準にしてはならない」(1937a, p.229)。「患者に活動してない諸葛藤について話して，それらが生じる可能性に馴染ませる」ことで，それらの諸葛藤に患者の関心を向けさせるという姿勢に対して，Freudは反駁しています。「期待した成果は起こらない……われわれは患者の知識を増やしたが，それ以外に彼は何も変化していない」(p.233)。彼はこのことを精神分析の著作を読むことに喩えています。「それを読んだ者は，自分に当てはまると感じる箇所，すなわちそのとき彼の中で活動している葛藤に関連する箇所にだけ『刺激』される。それ以外の箇所はどこも彼の関心を掻き立てはしない」(p.233)。

　今示してきたような，治療において患者の知性の協力を求めるFreudの言葉は，一方で知性は相対的に効果を持たないことを認め，他方で知性に重要な役割を与えるという，Freudの迷いを表しています。転移解釈が治療の中心だということを彼がはっきりと信じていたなら，彼は，変化をもたらすうえで知性

自体の役割を強調しないという明確な立場にたって，この迷いを解決していたでしょう。

ここでFreudの転移分析の議論を年代順に振り返ってみます。繰り返しますが，わたくしの論点は，転移分析が治療の中心であるという論は次第に確立されてきているが，転移に対する作業は，転移以外のものにたいする作業の補助に留まったままであった，ということです。

転移はすでに**ヒステリー研究**（Breuer and Freud, 1893-1895）に記述されています。Freudは医者にたいする患者の転移を「偽りの結びつき」つまり「不適当な結婚」によって生じるものと考えています。医者にたいして願望が結びつくのは，患者の「連帯強迫」のためである，と彼は考えています。言い換えると，Freudは転移の出現は抵抗に結びつくとはまだ考えていないのです。彼が強調しているのは，この願望がどのようにして転移されるようになるのか，ということです。なぜならその願望と結びつく「過去のある時を指し示すような周辺的な事情」についての意識的な記憶が見つからないからです。それから，「偽りの結びつき」によって，「ずっと以前に患者にこの禁止された願望を退けるようにさせたのと同じ感情，が呼び起こされるのである」（p.303）。

しかしFreudは，転移が避けられないこと，普遍的なものであること，をすでに認識しつつあります。彼はしばしばそのことを述べていますし（p.302），「多少とも重症例の分析では，いつも生じると予測できる」（p.301）と主張しています。彼は，最初考えたほどは転移が抵抗として強くはない，と認識し始めてさえいます。「当初私は［転移のために］私の心的作業がこのように増大することにはまったくうんざりしていた。しかし，それも過程全体がある規則に従っていることを理解するようになるまでのことだった。それから，私はこのような転移のせいで私のなすべき仕事が著しく増えるわけではないことにも気づいたのである」（p.304）。

FreudはDora症例（1905）において，転移についてふたたび論じていますが，そこでの彼の考えは，転移についての技法の彼の最終的な理解に非常に近いものになっています。しかし彼の理解はまだ安定したものではありません。というのは，患者が治療から逃げ出したのは，彼が転移をその時に分析することに失敗したせいかもしれなかったからです。彼は次のように書いています。「転移は私に不意打ちを食わした。そしてDoraにK氏を思い出させることになった私の中のある未知のもののせいで，彼女はK氏に復讐しようとしたのと同

じように私に復讐し，K氏に欺かれ捨てられたと思ったのと同じように私を捨てたのである」(p.119)。

MuslinとわたくL (1978) が指摘したように，Dora症例には，Freudが転移をまだ1個の抵抗と見なしている箇所と，転移分析の重要性を今や十分に理解している箇所との両方が含まれています。前者の観点の証拠はFreudの次の言葉に見出すことができます。「私はこの最初の警告のしるしを聞こうとしなかった。まだ十分な時間があると考えたのである。というのは，転移のその後の段階が現れていなかったし，分析の材料がまだ枯渇していなかったからである」(p.119)。実際には，この「最初のしるし」よりももっと多様な転移の表出が出ていたし，「分析の材料がまだ枯渇していなかった」と言うのは，たとえ一時的だけにせよ，転移に注目しなくても分析作業は続けていけると信じていたということです。

さらにFreudが転移をまだ抵抗と見なしているもう一つの箇所は，次の主張です。「もし転移を早期段階で分析治療することができていたら，この治療経過は遅々とした不透明なものになっただろう。しかし分析治療の存続は，突然の圧倒的な諸抵抗にたいしてより確実に保護されたものになっただろう」(p.119)。分析治療が「遅々とした不透明なものになっただろう」と言うのは，明らかに転移分析を末梢的な役割と見なしている証拠です。

転移がまだ中心的な役割を与えられていないことを示すもう一つの箇所は，(Dora症例における) Freudの次のような夢の記述です。それらの夢は，「2本足で立っている。1本の足は主要な最近の興奮させる原因に，他方の足は小児期に起きた重要な出来事に関係している」(p.71)。文脈から明らかなことは，彼が「最近の興奮させる原因」ということによって意味しているのは，分析状況の外部の出来事です。しかし，彼の後の転移理解からして，彼は被分析者の夢は転移と結びついた3番目の足を持っている，と書いたらよかったのにと推測してもいいかもしれません。

2番目の観点に関して，その証拠をDora症例の「あとがき」に見出せます。そこではFreudは，転移を障害物と考えることから，転移を分析作業に不可避で必要な特徴と見なすことへと変わりはじめています。彼は明らかに以前の観点を逆にして，次のように主張しています。「転移——分析治療にとって最大の障害物となることは定まっているようだが——は，生ずるたびにその存在を探りあてることができ患者に説明できたら，もっとも強力な同盟になる」

(p.117)。彼はまた，次のようにも述べています。「転移が解決して初めて，患者は，分析治療の間に構築されてきた多くの結びつきが妥当なものだったという確信を持つようになるのである」(p.116-117)。

　要約すると，Dora症例において転移は，実際Freudに「不意打ち」を食わせ，「突然の圧倒的な抵抗」になったのです。というのは，Freudは患者の精神内界の力動と発達史を解明しようとしていたので，Doraとの間で進行していた相互作用の中に転移が多く表出されることに気づかなかったからです。彼が転移にしかるべき場所を与えていたなら，その分析治療は，「遅々とした不透明なもの」ではなく，促進され，明確なものになっていたでしょう。

　Freudの転移分析の観点を学べる次の著作は，ねずみ男の分析についての彼の報告（1909b）です。この症例への彼の分析作業にたいしての意見はとてもいろいろです。その理由を探すのは難しくありません。なぜならこの症例報告は技法の研究を意図したものではないので，報告のあちらこちらの断片からFreudの技法についての考えを拾い集めることしかできないからですし，それらの断片はきわめて曖昧なので，技法についての論者にとって，このテキストは事実上投映法の検査道具のようなものになるからです。Freudの技法について学ぶのなら，この症例についての彼の一連の分析記録（1909b, pp.259-318）を読む方がもっと多くのことを学べるのではないか，と思うかもしれません。しかしそれらの分析記録も，公にされた症例報告と同様に，さまざまな解釈をもたらすのです。

　わたくし自身の考えはLipton（1977a）の主張と本質的に一致しています。すなわちこの症例におけるFreudの技法は，彼の完成された技法を表しているし，その技法は今日の多くの技法よりも優れたものである，という主張です。わたくしはLiptonの考えを支持するとすでに表明しています。すなわちFreudは，技法的活動とは別に，患者と進んで個人的な関係を持とうとし，そのことはあらゆる関係を技法の一部に組み込もうとする今日の分析家の努力よりも望ましいものである，という考えです。しかしわたくしは，ねずみ男症例では，わたくしがそうすべきであると論じているほどにはFreudは転移を十分に解釈していないと思います。

　Muslin（1979a）は，Liptonのような，ねずみ男にたいするFreudの技法を賞賛する者と，その技法を批判する者との中間の観点を取っています。Muslinはわたくしと同様に，この症例におけるFreudの転移の取り扱いにた

いして多くの疑問を持っていますが，彼はここでのFreudの技法を，後になってその技法が改良されたと考えられる方向へと移行する，過渡期のものとして記述しています（しかし彼も認めていることですが，Freudがねずみ男との分析作業といくらかでも異なった転移分析をそれ以後実際におこなった，という明らかな証拠は見あたりません）。

ねずみ男症例におけるFreudの技法を評価する上で主に困難なのは，Freudがしなかったように思われることに，どの程度重要性を与えればいいのかが分からないことです。Freudは技法を提示するためにこの報告を書いたのではない，という事実が意味しているのは，ある事柄に言及しないままでいることは，彼がそれをしなかったという意味では必ずしもない，ということです。にもかかわらず，わたくしは，Freudは転移分析を適切におこなうことをし得ないというわたくしの批判は妥当である，と主張したいのです。なぜなら，彼が実際に転移分析をおこなっていたのなら，転移についての検討の結果を記載する気にならなかったのだろう，とは信じ難い印象的な例がいくつも見られるからです。

しかしFreudの技法への主な批判は，技法上の違反と言われていることをしたと彼が認めていることです。その中には彼がかつてねずみ男に食べ物を与えたという「悪名高い」報告が含まれています。この種のことがKanzer（1980）やBeigler（1975）のような批判者を生み，彼らは，Kanzerがおこなっているように，Freudは患者に抵抗を放棄させるために「人間的影響力」として転移を用いた，と論じています。わたくしの反対理由は，Freudがそれをしたからというものではありません。そうではなく，わたくしの意見では，それをしたことが転移に与えた影響を，彼が常に分析しようとしなかったことなのです。

一方，正しい技法からの「違反」としてもっとも一般的に引用されること，すなわち食事を与えたことが転移に与える影響を，Freudがねずみ男症例の中で解釈した非常に見事な例があります。食事を与えられた後に，患者は二人の女性（訳注：Freudの母親と妻）とニシン（訳注：Freudがねずみ男に与えた食事）についての空想を報告しています。Freudはこの空想の由来を食事に求めています。より印象的なのは，空想の中のある細部を，Freudが，しばらく前に自分の言ったことに関係している，と解釈していることです。彼が言ったことというのは，たまたま「適切な」技法の信奉者を真っ青にさせるようなものなのです。Freudは，語られた空想の中の二人の女性には陰毛がないという

事実は，かつて患者が，女友達がうつ伏せになって，そのため背後から彼女の陰毛が見えた，と報告したことにたいする自分の反応のためである，としています。Freudは患者のその報告にたいして，「今日の女性たちは，陰毛の手入れに無頓着で，陰毛を不快なものとして話すのは悲しいことです」(p.311)と反応していたのでした。

Kanzer (1980) はねずみ男症例を，Freudの転移理解のかなり早期の段階を示したものと考えています。Kanzerは，Freudの技法はねずみ男症例の後で根本的に変化した，と考えていますが，その根拠を1911年から1915年までの技法に関する諸論文に述べられたさまざまな公式化に，特に現在の現実を重要な要素と見なす公式化に置いています。ここでKanzerはFreudの言葉を引用しています。「われわれは彼の病気を，過去の一つの出来事としてではなく，現在の一つの力として取り扱うべきである」(1914, p.151)。しかしながらその次の文章でFreudは次のように述べています。「患者は自らが病んでいる状態を現実的なもの，現在のものとして体験しているが，われわれ二人はその病気にたいする治療作業をしなければならず，それは主にその病気の過去にさかのぼることである」(p152)。この言葉は，わたくしの考えでは，転移分析を主にまだ過去の視点からおこなう傾向を示しています。

Freudは，ねずみ男症例の後，技法論の諸論文の前に書いた「精神分析の今後の可能性」(1910b) の中で，一見Kanzerの観点を支持するかのような2つのことを述べています。Freudは次のように述べています。「知的助力は［患者が］意識と無意識の間に存在する抵抗を克服するのを容易にする」。彼は次のように続けています。「ついでに述べておくといいだろう。これは分析療法において用いられる機制のすべてではない。だれもが『転移』を用いるはるかに強力な機制を知っているだろう」(p.142)。しかしこの文章は，Freudが初期に語った，そして後に再度語る，転移利用と同じものです。それは抵抗に打ち克つための（抵抗とはならない陽性）転移の利用のことを指しています。Freudの考えでは，この転移の利用は，転移抵抗の分析と並行しておこなうことと矛盾しないのです。

Freudの技法は20世紀の最初の10年が過ぎた後も絶えず変化し続けてきた，という誤った結論に至る分析家たちがいる理由の一つは，技法の教科書としてもっともふさわしい諸論文が，1911年から1915年の間になるまでは執筆されなかったからです。そのせいで，理論と同じく，技法もこの間に発展したに違

しかしながらこれらの諸論文では，転移が障害物としての概念である証拠を，催眠をモデルとする再三の引用の中に見出すことができます。たとえば，Freudは次のように記述しています。「催眠では，忘れられていたものを観念として思い起こすことができる，［そして］それは抵抗が完全に排除されている状態に相当する」（1914, p.151）。ここでFreudは，陽性転移の早期段階では記憶の回復が容易であることを，催眠を受けている場合に喩えています。この「観念として思い起こすこと」は行動化へ移行し，「分析治療の進展に逆らって」患者は自分を守ろうとするようになりますが，それはひとたび「転移が敵対的な，あるいは過度に強くなると」(p.151) です。

今引用した記述はFreudの論文「想起，反復，徹底操作」(1914) にあります。この論文はFreudの技法の発展を歴史的に概説するところから始まっています。Freudは最初の段階をBreuerのカタルシス法に置いています。その方法では，記憶と除反応をもたらすために催眠状態での指示連想を用いるのです。次の段階は，催眠を放棄することと，患者の自由連想から患者が何を思い出せないかを発見することが含まれます。Freudによると，この段階において，抵抗が解釈の仕事によって，そしてその解釈の仕事の結果を患者に知らせることによって，迂回されるのです。もっとも，症状とそれに関連した諸状況に焦点を合わせている姿勢は，維持されています。（この場合，連想がまったく自由になるということはほとんどないことを指摘しておきたいと思います）。第3段階は，現在の段階です。ここをFreudは以下のように描写しています。分析家は以下の試みを捨てた，すなわち「ある特定の契機や問題に焦点を合わせることを。分析家は，患者の精神の表層にそのときに表れているもののすべてを研究することに満足し，そして解釈という術を，主にそこに現れている抵抗を認識し，それらの抵抗を患者に意識化させるのに用いるようになった」(p.147)。

技法の発展に関するこの粗描は，記憶の探究は最初固着点から始まったこと，その後，患者の自由連想と抵抗解釈というまわり道を辿らなければならなかった様子を明らかにしています。ここでは転移について表だって何も言われていません。しかし，Freudはこの諸段階の描写を通して，彼の論文の中心点のための準備をおこなっているのです。すなわち，記憶の探究だけでは十分ではない，なぜなら過去の大部分は行為化されるからである，つまり観念の中で想起

されるよりも，行為の中で反復されるからである，そしてこの行動化（反復）が転移を構成する，ということです。

分析家たちは一般に，Freudの転移概念は1911年から1915年にかけての技法の諸論文を通して変化していない，と考えていますが，Kanzer (1966) は，それらの6論文は2つの組に分けられるべきである，と興味深い示唆を提案しています。すなわち，（1）第一組は，夢解釈についての論文 (1911a)，「転移の力動性について」(1912a)，そして技法に関する忠告の最初の2つの論文 (1912b, 1913)，そして（2）第二組は，「想起，反復，徹底操作」(1914)，「転移性恋愛について」(1915) です。彼は，第二組になってはじめてFreudは，行動と現実，をまともに考慮に入れるようになったと考えています。その考えに符合することとして，Kanzerは，第一組から第二組への移動時期はユングとの断絶時期と一致するし，自己愛論文の最初の草稿時期と一致すると考えています。その移動がKanzerに示しているのは，「精神分析が深層心理学から自我心理学へと新たに方向を変えたことであり，関心の方向の内的，と外的に符合している」(p.528) ということなのです。

わたくしは，この主要な変化は「想起，反復，徹底操作」という論文の時に生じた，というKanzerには同意しません。その代わりに，James Stracheyに同意します。彼は，「転移の力動性について」の脚注において，Freudは「想起，反復，徹底操作」で推敲されるようになる一つの考えをすでにそこで述べている，と示唆しています。論文のその節は次のところです。「無意識的衝動は，治療が望んでいる道筋で想起されることを望んではいなくて，無意識の無時間性と幻覚能力に沿って，自らを再演しようと努めるのである」すなわち「現在の現実のことであると見なすのである」(1912a, p.108)。実際，Stracheyが他の脚注 (1914, p.150n) で指摘しているように，FreudはすでにDora症例の中でこれと同じ意味を「行動化」の概念について述べています。彼はDoraの治療からの離脱について述べています。「こうして彼女は彼女の記憶や空想のもっとも本質的な部分を治療の中で再提出するかわりに，**演じた（acted out）**のである」(1905, p.119)。

Kanzerは，彼の議論は「快感原則の彼岸」(1920a) における技法の発展の3段階についてのFreudの粗描，を解釈した結果に基づいている，と考えています。Freudによれば，最初の段階では，分析家は「患者にとって隠されている無意識的な素材を発見し，それを構成し，適切な時期にそれを患者に伝える

以上のことはしなかった。精神分析はなによりもまず解釈の技術であった」(1920a, p.18)。第 2 段階になると，「患者に，彼自身の記憶に基づいて分析家の解釈を確信させる」ことが必要になりました。そこで分析家は患者の抵抗を取り除くことに集中し，そして「人間的影響力——これは『転移』として作用する暗示を指す——によって，患者に抵抗を放棄させるように誘導する」(p.18)。患者は抑圧されたものの多くを，たんに思い出すよりも，それらを反復せざるを得ないので，転移神経症の分析が第 3 段階の技法の中心的な特質となったのです。ここで Freud は，反復を想起と対照させて，1914 年の論文に言及しています。しかし彼はこうした 3 段階についてどのようなデータも示していません。

　Kanzer は，Freud が 1920 年の論文で 1914 年の論文に言及したこと，それに加えて，たんなる「転移」ではなく「転移神経症」という用語が 1914 年の論文に初めて表れるという事実が示しているのは，Freud が 1914 年まで転移神経症の分析を明確には理解していなかったし，実施していなかったということである，と結論づけています。彼は，それまで転移は患者に抵抗に打ち克つように暗示的に誘導する意味で用いられていた，と示唆しています。そして，わたくしがすでに指摘したように，彼はねずみ男にたいする Freud の技法が彼のこうした観点を裏書きしていると考えています。

　わたくしは Kanzer は間違っていると思います。患者に抵抗を放棄させるように誘導するための暗示という意味での転移の用い方とは，わたくしがねずみ男症例（1910b）との関連で指摘した，転移の非常に早期の，そして**持続的な**用い方のことです。それは Freud が転移分析を始めたときにも放棄されなかったのです。

　Freud が 1920 年のモノグラフで 1914 年の論文を引用したのは，彼が反復強迫のテーマを追求していたからであり，そして 1914 年の論文は，彼が反復と想起との関連を詳細に述べたものの一つだからです。さらに Freud は，わたくしが先に検討したように，「転移」と「転移神経症」とをほとんど区別しないのです。「転移神経症」という用語は，導入された後からは，再度現れることがほとんどありません。その理由は，Freud にとってこの用語は他の用い方へ転用される予定だったからではないでしょうか。他の用い方とは，作業可能な転移を患者が形成できる種類の神経症のことです。その用い方は，**精神分析入門**（1916-1917）の中に少なくとも 6 回出てきます。

わたくしはここで，Freudの完成された技法はかなり早期に，間違いなく1900年までに確立されたし，この概説で記述した1920年の第3段階は，精神分析史の非常に早期に到達されていた，というわたくしの主張を再度繰り返します。KanzerはFreudの技法の諸論文の中に，今日用いられている最良の技法と同等の転移理解とその使用法を読み込んでいる，とわたくしは思います。Freudが決して到達しなかった理解と使用法とをです。しかし，このことはFreudの転移分析の理解と実践が，彼の経験が増加するに連れて，進展しなかったということではありません。

狼男症例の分析治療が終了したのは1914年（刊行は1918年）なので，Freudの狼男との分析実践と，1911年から1915年にかけての技法の諸論文の考えは同じであるに違いない，と見なすのは理に適ったことです。しかしKanzer（1980）は，「想起，反復，徹底操作」（1914）の方が，狼男症例で用いられた技法を超えて進展していると考えています。なぜならFreudはその症例の分析治療を始めた後で学んだことがあったからというわけです。狼男症例においてFreudが転移をどのように扱ったのかを知る上での主な障害は，彼が転移について直接にはほとんどなにも言っていないことです。Freudの記述は，分析過程の研究を意図していないことが明らかです。記述は分析過程の産出物についての報告ですし，さらに主にその産出物の特定の側面に，すなわち幼児神経症に限定された報告です。

この症例の分析過程についてのどのような研究も，このように克服しがたい障壁に直面するように思われます。その分析過程で起きたものをわれわれに伝えることをFreudが公然と拒否し，あれこれを省略しているのに，Freudを評定するのはむろん適切ではありません。この異議を心に留めつつも，わたくしはやはり，ねずみ男症例については，その分析治療がどのようにおこなわれたのかについて重要な間接的な証拠があると考えます。わたくしはこの証拠に焦点を当てることが重要だと思います。なぜなら，Freudは，わたくしが最善の分析実践だと考えること，と一致していないやり方でその症例の分析治療をおこなっていると考えるからです。

その治療作業の主たる焦点が，転移にではなくて神経症の力動にあった，ということの良い証拠があるとわたくしは思っています。転移は明らかにまだ，かなりの程度まで，分析作業の障害物と見なされていました。もっとも，転移は分析作業に不可欠で非常に必要なものだとは認識されていたのですが。

Freudは記載しています。「彼は分析治療の困難さから転移に逃げ込むたびに，私を食べてしまうと言ってよく脅かした」(1918, pp.106-107)。この発言は転移を抵抗として認識していることが明白ですが，実際の治療作業が転移以外の所でおこなわれていることを意味しているのも明らかです。変化をもたらす諸要因は想起された素材である，と明白に述べられていて，転移神経症の発展とその解決については何も言及されていない，というMuslin (1979b) の指摘にわたくしは同意します。Freudは，「彼の抑制状態の解消と彼の症状の除去とを可能にする，すべての材料を分析治療は明らかにした」(1918, p.11) と説明しています。

　もちろんわたくしは，Freudが転移にたいしてなにもしなかったと言っているわけではありません。しかし問題は何を強調し，何を優先させるのかということです。「彼の抑制状態の解消と彼の症状の除去」を可能にさせた素材，とFreudが言うとき，Freudは転移における素材のことを言っているのだ，という議論があり得るかもしれませんが，それにたいする反論として，わたくしは，治癒における重要な因子，について彼が付加的に述べた言葉を引用します。「私が患者の幼児神経症を理解できるすべての情報を得たのは，分析作業のこの最後の期間であり，その期間に抵抗は一時的に消失し，患者は，普通は催眠によってしか得られない明晰状態，に陥っているという印象を示した」(p.11)。この言葉は，重要な分析作業が成し遂げられるためには抵抗を避けえない，ということを発見した人にしては，実に注目すべき言葉です。そして以下のようなさらに驚くべき主張があります。「催眠は抵抗を覆い隠し，ある心的領域に接近できるようにするが，しかし一方ではそれに反して，その心的領域の辺境に抵抗を積み上げて防壁にし，その防壁を越えるあらゆるものの接近を許さないようにするのである」(1910a, p.26)。

　しかし転移が正当には認められなかったというおそらくもっとも説得力のある証拠は，Freudが分析治療の期間設定という手段に頼ったことです。彼自身，その手段を「強喝」と名づけています。彼は，このような極端な手段を取ることになったのは，患者が「おとなしいアパシーの態度に閉じこもり」(1918, p.11) 続けていたためである，と言っています。このような患者の態度は，おそらく今日の分析家はすべて，転移分析作業を集中的におこなうべき状態である，ことに同意するでしょう。しかしFreudは，それをしたと言っていません。そうしたのかどうか，あるいはどの程度そうしたのかについて，事実として残

っているのは，Freudが患者のそうした態度を操作によって処理したということです。ここでまた，Freudがあることをしたと言っていないのだから，彼はそうしなかったのだとわたくしが言うと，危険を冒すことになるのは分かっていますが，この強喝という手段によってFreudが実際に転移分析をおこなったのなら，その転移の意味分析について彼がまったく沈黙したままでいることもあり得る，なんてわたくしにはとても信じられないのです。

　さらに，彼は，転移を操作したと明言しています。彼は次のように言っています。「私は，私自身に対する患者の愛着が十分に強くなって，彼の尻ごみとの間に平衡状態が成立するまで待たなければならなかった。それから，私は，この因子（転移）を他方の因子（抵抗）にたいして戦わせたのである」(p.11)。このことは「精神分析療法の道」(1919) という論文で彼が提唱したことと同じです。そこで彼は「強迫行為を訴える重症例」について記述しています。「この場合の正しい技法は，分析治療自体がひとつの強迫になるまで待ち，それからこの反対強迫によって疾患の強迫を力ずくで押さえつけることでしかない，というのは疑いのないことである」(p.166)。これは転移操作の推奨であって，転移分析の推奨ではありません。この示唆は次第に消失していき，分析技法の中で許容できる技法としての位置を占めることはなくなりました。

　Freudの狼男との分析作業における転移の役割を理解するもうひとつの道は，これもまた間接的なものなのですが，後になってRuth Mack Brunswick (1928) が狼男とおこなった分析作業です。彼女が狼男とおこなった主要な分析作業は，狼男のFreudにたいする転移に関連したことですが，そのことが示唆しているのは，Freudの狼男との分析作業で何がなおざりにされたのかということです。しかし彼女ですら次のように書いているのです。「患者は父親にたいする反応についての分析を完了していなかった，というわれわれの仮説を支持するひとつの事実がある」(p.304)。焦点は父親に当てられていて，転移にたいしてではありません。いまひとつ顕著なのは，彼女の焦点が，狼男のFreudへの転移に当てられているということです。わたくしたちは狼男の**彼女への転移**についてはほとんど知りません。そのため，**彼女の転移の強調**にもまた，いくらかズレがあります。

　わたくしは，狼男の転移がどのようなものであったのかについて推測するのを，故意に差し控えています。推測のための材料はたくさんあるのですが。その転移について推測するとなると，FreudとBrunswickの両者に向けられた転

移を探求しなければなりません。そうした推測は，わたくしがここで明らかにしたい中心点から注意をそらすことになると思います。狼男症例が分析家たちの訓練において顕著な役割を果たしているのは，ある面不幸なことです。なぜなら，狼男症例は分析過程の，特に転移分析過程の軽視に肩入れするからです。そして分析治療の産出物を過剰強調しているからです。Freudは，自分のこの報告は幼児神経症を記述する意図しか持っていない，と明言していますが，学生は分析過程における転移軽視の影響を受けるでしょう。

　しかし，わたくしは逆転移について一言言いたいのです。というのはFreudの狼男との分析作業は，当時のFreudの分析実践の典型的なものではないのではないか，と思うからです。なぜならそこに重要な逆転移問題が関わっているからです。Freudは冒頭で，狼男の分析とは明らかに隔たった，重要な目的を意図している，と告げています。彼は，狼男の病歴は分析治療の終了直後に記録されたと述べています。それはFreudが「C. G. Jung と Alfred Adler が精神分析の諸発見に加えようとしていた，歪曲された再解釈の印象がまだ新鮮な」(1918, p.7n) 時期に書かれたのです。この症例の分析治療そのものの中に，Freudがそれらの「歪曲された再解釈」を論破するための決定的なデータを探求しており，そのために彼の目が転移からそれたのだ，という仮説は合理的だと思われます。

　逆転移は，Freudがその後に狼男にたいしてどのように振る舞ったのかによっても示唆されます。わたくしが言っているのは，精神分析の年次大会での狼男症例に関する諸報告や，多くの人たちによって絶えず狼男症例が取り上げられてきているということです。実際，精神分析界全体が狼男にたいして逆転移を抱いている，とさえ示唆できるかもしれません。

　狼男は顕著な自己愛的特徴を持った重症例である，と一般に考えられています。鼻についての彼の観念は，はっきりはしませんが，妄想に近いものです。わたくしは，彼の分析治療が成功したことに異議を唱えるつもりはありませんし，転移がより巧みに分析されていたら，結果は必然的により好ましいものになっていただろう，と言っているわけでもありません。しかし，適切に実施される分析治療ではそうあるべきだとわたくしが思うようには，この分析過程では転移は特定の役割を果たしていなかった，と言っているのです。

　ある分析治療で何が進行したのかの詳細を知らないと，転移がどのように扱われてきたのか，を評価するのは困難なことですが，その一例が，Freudのあ

まり知られていない諸症例のひとつに示されています。その報告は「女性同性愛の一ケースの発生史について」（1920b）です。その中でFreudは，患者の父親にたいする復讐心が「冷たい堅苦しさを身にまとわせた」と記述しています。彼は続けて，分析家にたいする転移はないように思われたとコメントしています。しかし彼はすぐにこの観察を修正し，「分析家にたいするなんらかの関係」は常に存在するはずであり，「そしてこの関係は，ほとんど常に幼児的関係の転移されたものである」と指摘しています。この症例の場合，転移は小児期に父親によって幻滅させられて以来，すべての男性を拒否する態度に表れていました。それでもそうした陰性転移を分析する必要性に注意を喚起する代わりに，Freudは問題を避けているようです。

　　男性にたいする憤りは，普通は分析医にたいして向けられやすい。しかしそれは，激しい感情的表出である必要はなく，単に，分析医のあらゆる努力をむなしいものにし，病気にしがみつくという形で表れるのである。まさにこの沈黙の症状行動を患者に理解させ，分析治療を危機に陥れることなく，この潜在的な，しばしば過度に強力な敵意を患者に意識させること，がいかに困難であるか，私は経験上知っている。そこで，私はこの少女の父親にたいする態度に気づくと，すぐ分析治療を中断し，もし分析治療を重視するのなら，女性の分析医のところへ行った方がよい，と両親に忠告した［p.164］。

Freudの経験を疑問視するのはおこがましいことかもしれませんが，疑問を持たないと単にFreudの権威に寄りかかるだけです。実際，彼が陰性転移を分析しようと，この症例においてさえ，したという証拠がいくらかあります。たとえば，彼は，患者が報告した，覚醒時の発言と矛盾する一連の夢を信じなかった，と記述しています。彼女の夢の「虚偽性」と，「父親をいつもだましていたように『分析家を』だまそうとしている」彼女の試みを指摘した後から，これらの特殊な夢は報告されなくなりました。しかし，自分の解釈の正しさを公言しつつも，Freudは次のように述べています。「それでも私が信じているのは，それらの夢には，私を欺こうとする意図に加えて，私に気に入られたいという気持ちもいくらかあったということである。すなわち私の関心と信頼を得ようとする試みでもあった。そしてそれはおそらく，後になってそれだけ一層完全に私に幻滅を味わわせるためであった」（p.165）。

　これらの言葉が，FreudがDoraに治療を続けるように説得していたら，生

じていたかもしれないこと，を説明するときに彼がよく用いていた言葉ととてもよく似ているのは，ただの偶然でしょうか？ ある特定の逆転移が作用していた可能性はあるのでしょうか？ あるいはFreudがそうした転移の分析を異なった方法でおこなっていたら，もっと成功した体験になっていたのでしょうか？ たとえば，彼女の夢についてこの患者に話した，と彼が言っている内容は，飛躍があり，現実の分析状況から導き出された解釈のための証拠，となんの繋がりも見あたらないのです。そして彼の解釈の後でこれらの夢の報告がされなくなったこと，の転移としての意味を，彼は検討したのでしょうか？

精神分析入門（1916-1917）におけるFreudの転移にかんする議論は，技法論の諸論文とほとんど同じものです。しかし彼は「転移神経症」という用語を，以前のどのような公式化よりも，分析技法において転移神経症に中心的な役割を与える方向へより近づけた形で用いています。すでに述べたように，彼は以下のように主張しています。「転移がこのような重要性を持つようになると，[患者の病気の新しい産出物はすべてある一点に，すなわち分析家との関係に集中するようになる]患者の記憶についての治療作業は背景に退く」(p.444)。

精神分析入門の後のどの著作においても，転移分析についてのFreudの見解が変わったという徴候は見られません。たとえば，**非医師による精神分析の問題**（1926b）の第5章にはStracheyによる脚注がありますが，そこでStracheyは次のように述べています。「本章の分析素材の多くは，いくつかの箇所ではほとんど一言一句まで，Freudの以前の技法論の諸論文から引用されている」(p.228n)。このことは，おそらくFreudの見解が変化しなかったことを意味していますが，Lipton (1967) は，その本は一般聴衆向けに執筆されたことを忘れないようにしなければならないと警告しています。このモノグラフには，分析技法の以下のようなきわめて簡潔な要約が含まれています。「分析家が同意するのは，固定された時間に患者と会い，患者に話をさせ，患者の話を聴き，次に交代して患者に話し，患者に話を聴くようにさせる，ということである」(p.187)。

Freudが「精神分析療法の道」(1919) の中でほのめかしていたような，分析技法の改良についての楽観を失くしたのは，**非医師による精神分析の問題**の次のような一節に見られるでしょう。「残念ながらお伝えしなければならないのですが，分析治療を有意に促進しようとする努力は，これまですべて失敗してきました。分析治療を短縮する最善の方法は，原則に従って遂行することの

ように思われます」(1926b, p.224)。

　数年後，1933年になって，生涯の最後に近づいた頃，Freudは精神分析の限界について，より断固たる調子で述べています。

　　私の支持者たちの幾人かは治療的野心を持って，これらの障害物に打ち克ち，あらゆる神経症障害を精神分析によって治癒し得るように，と最大の努力を払った。彼らは分析作業を短期間に圧縮して，転移の強度を高め，それによってあらゆる抵抗を克服し，それとその他の種類の影響とを統合させて，何とかして治癒に至らせようと努力してきた。そうした努力はむろん賞賛に値するが，しかし，私の考えでは，それらは徒労である。そうした努力はまた，自らを精神分析から押し出し，果てしのない実験への道に陥るという危険を伴うものでもある　[p.153]。

　読者がわたくしを過度に治療的野心を持った人間と見なすかもしれないので，わたくしは精神病理のすべてが治癒可能であると言ってはいない，と述べておきます。またわたくしは，転移の強度を高めたり，あるいはそれとその他の種類の影響とを統合させて，分析作業を短期間に圧縮させると主張しているわけでもありません。わたくしが支持しているのは，転移解釈において，転移のほのめかしと，現実の分析状況の役割により注意を払うということなのです。

　続精神分析入門（1933, p.151）の中で，Freudはまた，分析技法の理論的公式化は，すでに**精神分析入門**（1916-1917）において明らかにされているし，それ以来変化していないと示唆しています。実際，Freudの後の概説書である「精神分析学概説」（1940）における転移解釈の記載には，新しい点はほとんど何も見られません。

　通常言われているのは，分析技法についてのFreudの著述が少ないのは，彼が分析状況の諸規則を定めることに気がすすまなかったから，というのはそうした諸規則は分析状況ごとに非常に変動するので，機械的に扱えないから，というものです。つまりFreudは，そうした分析状況では分析家の人格が必然的に重要な役割を果たすにちがいない，それ故，分析家の行動を前もって指示すべきではない，と考えているのです。たとえば，先に引用した断固とした言葉と比べて，彼は，「［彼の］規則を『助言』として述べて，それらを無条件に受け入れるよう要求しない」（1913, p.123）と決めたと記述しています。心的特性の多様性と，あらゆる疾患に関与している諸要因の多彩性とを述べて，

Freudは，どの症例においても効果的な単独の規則，なんてものはない，と指摘しています。彼が提案している指針は，「平均して効果的な」(p.123) 諸規則ということです。他のところで，彼は次のように指摘しています。「わたくしが主張しているのは，この技法はわたくし個人には適した技法である，ということである。わたくしとはまったく異なった資質の医者は，患者にたいしても，解決されるべき課題にたいしても，異なった態度をとろうとするかもしれないが，わたくしは敢えてそれを否定するつもりはない」(1912b, p.111)。

Freudが分析作業において転移分析をどのように完全に，体系的に，ならびに厳密におこなったのか，を知るのは困難なことです。すでに示唆したように，そのひとつの理由は，Freudの症例記録は，彼の技法の，特に転移解釈の詳細を理解できるようには書かれていないということです。彼がより関心を持っていたのは，神経症の精神力動を提示することであり，分析作業を示すためには多量の詳細部分の提示が必要になるが，それは不可能だと感じていたのです。彼は包括的で広範な技法研究を書かなかったし，彼の技法の諸論文は，彼の生産物のほんの一部なのです。特にこのことが顕著なのはFliessへの書簡集 (1887-1902) です。それらはカタルシス法から精神分析への変化の時期と重なっているのですが，そこには分析技法へのどのような言及もほとんど見られません。書簡集には，Freudが自分の理論を発展させる上で，一時的なものですぐに廃棄されてしまうことになった思考，についての詳細な議論さえ含まれているにもかかわらずです。

Freudのどの症例報告でも，技法についての記述がFreudの主たる関心事ではなかったのは，Freud自身によって明白に述べられています。明らかに，ハンス少年の症例 (1909a) では，少年は直接Freudによって治療されていませんし，Schreber症例 (1911b) では，Schreberは彼の自伝からしか分析されていませんので，Freudの転移の取り扱い方について学べると期待することさえできません。そのため，そうした症例についてはここでは考察しないことにします。

Dora症例 (1905) において，Freudは，夢についての議論を除いて，彼の分析技法についてはほとんど明らかにしないと説明しています。

　　この病歴における私の目的は，神経症障害の本質的構造と，その症状の決定要因とを指し示すことだった。それと同時に他の課題をもやり遂げようとしていたら，どう

しようもない混乱に陥るだけだっただろう。技法的原則を，それらの多くは経験的に明らかにされてはいたが，適切に基礎づけるためには，多くの治療歴から材料を収集する必要があっただろう。とはいっても，技法的側面を省略したことによってなされた，この特別な症例報告の簡略化の程度を，あまりおおげさに受け取らないでほしい。正確に言うと，この患者の場合，もっとも難しい技法的作業の部分は決して彼女との間で問題にならなかったのである。というのは，病歴の最後でも考察されることになるが「転移」の要因は，この短期間の治療中は話題にならなかったからである［p.13］。

　本症例についての議論と関連したことですが，本症例では転移はまったくと言っていいほど扱われていないのに，Freudが転移についてはじめて本格的に述べているということが，Kanzer（1980）がねずみ男症例と関連して述べている見解，すなわち技法についてのFreudの理解が増加したのは，彼が本症例で実際に用いた技法によるというよりも，本症例での彼の体験の結果に基づくことの方が多い，という見解をある程度裏打ちしています。

　ねずみ男症例（1909b）において，Freudは，分析作業そのものの詳細を述べようとしていたら，「多量の分析作業が積み重なっているために」（p.156），読者に神経症構造を理解してもらうことはできないだろう，とコメントしています。1年後に，Freudは同様のことを言っています。「われわれの仮説の正しさを支持する証拠は，今日われわれがおこなっている治療では曖昧なのではないか，という非難を退ける必要を私は感じていない。証拠は他のところで見つかるだろうし，治療実践は理論的調査と同じようには進められない，ということを忘れないようにしてほしい」（1910b, p.142）[1]。実際，これらの言葉は，Dora症例における次の言明の反復です。「もし転移を早期段階で分析治療の中に組み入れることができていたら，この治療経過は遅々とした不透明なものになっただろう」（1905, p.119）。

　狼男症例（1918）でFreudは，「この幼児神経症だけが，私の報告の対象になる」（p.8）と強調しています。彼は続けて，治療方法の詳細な報告を省略したことについてただし書きを付けています。「分析治療そのものから得られる確信の感覚を，何らかの形で分析の再現を介してもたらす方法は，今まで見出

1）わたくしはすでに（91頁），Freudが治療と研究を区別していることに関連して，この言明を検討しています。

されてこなかった。分析時間中の諸現象についてどれほど完璧な記録を作ってみても，何の役にも立たないのは確かである。それにどのような場合でも，分析治療の技法自体がそうした記録の作成を不可能にさせるからである」(p.13)。わたくしがまえがきで述べたことから明らかなように，わたくしは最後の２つの主張には同意しません。

　Freudの技法の詳細について知ることができる数少ない例の一つは，**続精神分析入門**（1933）にあります。その臨床素材は「Forsyth」という名前と結びついた考想転移（thought transference）に関連したものです（pp.47-54）。そこでの議論は，転移に気づくことへの抵抗を示しています。その抵抗は，当の分析治療中にその患者から報告された３つの連想に表れています。その一つは，ある女性の友人が患者を「Herr von Vorsicht」（Mr. Foresight）［ミスター慎重］と呼んだことです。というのは彼は彼女と性的関係を持つことに非常に慎重だったからです。そこでFreudは，彼に，イギリスから来たForsyth博士の名刺を見せました。Forsyth博士はちょうどその15分前にFreudを訪問したのです。（患者は，第一次世界大戦の終了時頃から外国人たちがFreudを訪ねはじめたことを知っていましたし，そうした訪問客がいる場合には，自分のセッションを諦めなければならないことも知っていました）。患者が言ったことは，「ぼくもForsythですよ。だってあの女がぼくをそう呼んでいるのです。」Freudは次のように説明しています。「この言葉の中に，嫉妬由来の要求と哀しい自己卑下とが混ざり合って表れている，のは誤解のしようもない。この言葉を次のように補っても間違いではないであろう。すなわち，『あなたがそんなに強くその新しい遠来の客に心を奪われているのは，私には屈辱的です。どうか私の方に向き直ってください。私だってForsythなのですから──彼女の言葉通り，Herr von Vorsichtにすぎないとしてもです』」(p.51)。

　Freudはまた，患者が彼にGalsworthyの**Forsyte Saga**（フォーサイト物語）という小説を数巻貸してくれた，という事実に結びつく可能性をも示唆しています。もっとも彼はこのことを嫉妬のテーマと明白には結び付けていません。本を貸してくれたのは，通常の職業的な接触とは別の場においてだったからです。

　Freudは同じ分析時間中に報告された，同じテーマに関連していそうな他の２つの連想を記述しています。一つは，Freud-Ottoregoという名前の女性についての質問です。彼女は英語講座を担当していたのですが，その女性が

Freudの親戚ではないのかというものです。そして患者は，彼の分析治療において初めてのことですが，「Freud」と言う代わりに「Freund」と間違って言ったのです。Freudによると，これは彼の名前が引用されるときに，よくある間違いなのです。Freudの考えによると，この連想と言い間違いと患者の嫉妬というテーマとの間の結びつきは，Freudが少し前にFreundという名前の友人を訪問していて，その人は，後で明らかになったのですが，その患者が住んでいるのと同じビルに住んでいる，ということなのです。

　3番目の連想は，その同じ分析時間の終り頃に，患者がAlptraum（悪夢のドイツ語）と呼ぶ夢を話したときに生じました。患者は，最近Alptraumの訳を間違えたことがあったと言いました。しかし，Freudは，患者の分析時間がErnest Jones博士の来室によって中断されたことがあったのを思い出しました。博士は悪夢について1冊の本を書いているのです。

　Freudの記録からきわめて明らかだと思われるのは，彼は，少なくともこのセッションにおいては，それらの連想を解釈していませんし，そのため彼のかなり複雑な思弁の連なりを確認する証拠がありません。実際，Freudがその挿話を持ち出すのは，考想転移の可能性を検討している最中なのです。にもかかわらず，彼の議論は，患者の連想の基盤になっていたかもしれないような，さまざまな現実的な手がかりについての問題を提起しています。わたくしたちはここで，分析関係についてあからさまに言及していない連想が，分析関係のことをほのめかすことがある，というFreudの結論の非常に明確な例示を見出せるのです。「ぼくもForsythですよ。だってあの女がぼくをそう呼んでいるのです」（p.51）という発言についての解釈によってFreudが示しているからです。Freudは，わたくしがそうすべきだと述べてきたようには，常に転移を分析はしなかったかもしれませんが，しばしば転移分析をおこなっている，と結論づけなければなりません。

　このようにして明らかとなるのは，転移解釈の原則は早期に系統立てて述べられたものの，それが技法の中心的役割を果たすようになったのは，ただ徐々にそうなってきたということです。LaplancheとPontalis（1967）は，転移の定義についての議論の中で同様のことを述べています。実際，この点が，Freudの技法が完成したのはいつなのか，について意見の分かれる原因かもしれません。「完成された」の定義が原則の発見ということなら，完成されたのは早い時期になります。定義が，原則を技法の中に完全に統合すること，を意

味するなら，遅い時期になります。Kanzer（1966）は，先にわたくしが指摘したように，1920年の技法の発展についてのFreudの概略を解釈した結果，2番目の見解を取っています。わたくしはすでに，Freudが1914年まで転移神経症の概念に到達していなかった，というKanzerの結論に不賛成であると述べました。しかし，Freudはまだ転移を抵抗に打ち克つために用いていた，というKanzerの結論は正しいと思います。後者の転移は，抵抗とはならない陽性転移です。転移は分析の全過程を通して必要な同盟です。しかし，転移は抵抗に打ち克つために用いられるべきではなく，転移神経症を分析するために必要な治療関係の基盤として用いられるべきなのです。

　Freudが一方で，転移分析を転移以外の事柄の分析作業の補助と見なしていたことと，もう一方で，転移以外の事柄について解釈したものを患者に確信させる中心的な役割，を転移分析に与えていた（第3章で検討しました）のは，転移分析の重要性についての彼の態度が曖昧だったということをよく示しています。Freudがいかにこの二方向の公式化を持続して用いていたか，は明白です。すでに見てきたように，Dora症例において，「転移が解消して初めて」(1905, p.117)，患者は，分析治療によって構築されてきた多くの結びつきについて確信を持つようになるのである，と彼は書いています。ねずみ男症例で，Freudは次のように書いています。「転移という苦しい方法を通してしか，彼は，自分と父親との関係があのような無意識な補完物という条件を余儀なくさせるものだったのだ，という確信を得ることができなかったのである」(1909b, p.209)。1909年にClark大学でおこなった講義で，彼は，転移は「患者が確信するためだけではなく，医師が確信するためにも決定的に重要なのだ」と強調しています（1910a, p.52）。後に「快感原則の彼岸」(1920a)において，彼は以下のように指摘しています。すなわち，患者は自身で思い出せないと，「自分に伝えられた構成的解釈の正しさに確信が持てない」(p.18)。そしてくりかえして，患者が「現実と見えているものが実際は忘れられた過去の反映にすぎない，ということを認識できれば……患者の確信が勝利を得ることになる」(p.19)。最後に，「精神分析学概説」(1940)で彼は以下のように示唆しています。「患者は転移の形で体験したことを，決してふたたび忘れることはない。彼にとって他のどんな方法によって獲得されたものよりもはるかに強い確信力を持つものだからである」(p.177)。

　彼の転移分析は患者に過去について確信させようとするものだったために，

わたくしは，Freudはあまりに早く過去との対応へ進みすぎた，と思います。もっと転移と現実の分析の場との結びつきを綿密に探究することが重要だったと思います。それはわたくしが，転移解消において一般に強調されていない側面，として記述してきた探究です。その一例がねずみ男症例の元の分析記録（1909b, pp.259-318）の中にあります。それは，Freudの母親が亡くなったというねずみ男の空想と，そして出そうとしたお悔やみ状が御祝いのカードに変わってしまったという彼の発言にたいするFreudの取り扱い方のことです。Freudが分析記録から何を削除したのか分からない，ということを強調しすぎるのはよくありませんが，記録されているFreudの次なる発言は，ねずみ男にたいして，もし母親が死んだら，自分は結婚できるのじゃないだろうか，と思ったことはないか，という質問です。それにたいしてねずみ男は明らかな転移的意味のある発言で応えています。すなわち，Freudはぼくに復讐している，と言ったのです。おそらく患者はその空想を口に出して言っていたのでしょう。Freudは，このあからさまな非難にたいしてどう対応したのか，何も語っていません。それよりもっと顕著なのは——先述した女性の陰毛についてのエピソード（153-154頁）を除いて——Freudの分析記録には，転移が明白ではない連想に基づいた転移解釈をおこなった例がない，ということです。転移についてはっきりとしたことを最初に口に出すのは，常に患者の方です。たとえ，さまざまな分析家たちが，技法的関係ではなく個人的関係の領域に属しているから，と排除する諸行動があることを受け入れるとしても，それでも，それらの行動が転移に与える影響の可能性を探究しなければなりません。そのことに言及していることがわかっている唯一の例は，ニシンについての夢のように，患者が明らかにしているもので，その夢はFreudがねずみ男に与えた食事に含まれていたニシンによって刺激されたものでした。

　Freudが，転移の発育を促進するもの，としての現実状況の役割を**体系立てて検討した証拠はありません**。彼は特別な例では確かにそうしているのですが。たとえばDora症例では，自分の喫煙を転移の発育を促進するものとして記述しています。ねずみ男症例でFreudが述べているのは，患者が階段で一人の少女を見かけて，彼は「すぐに考えを進めた」，すなわちその少女はFreudの娘で，Freudはいつか自分とその娘が結婚することを望んでいる（1909b,p.199），というものです。しかし再度言いますが，この情報は患者によって明らかにされているのです。Freudがそうしたデータを積極的に探究した証拠はこの症例

報告の中にはありません。

　精神分析入門における公式化では，Freudは転移における現実状況の役割について何も語っていません。彼は次のように書いています。「患者に次のように指摘することで，われわれは転移を克服する。すなわち，患者の感情は現在の状況から生じたものではなく，医師の人格に当てはまるものでもない。それらはかつて患者に起こったことを反復しているのである，と」（1916-1917, pp.443-444）。

　わたくしはすでに，Freudの1913年の論文から，現実関係と転移との間を明確に概念的に分離させているように思える一節を引用しました。繰り返しますが，その意味するところは，Freudは転移への出発点になる現実的な出来事を探してはいない，ということです。患者は寝椅子に横になり，分析家はその背後に座って，患者から見えないようにする，ことの強調に関連して，Freudは次のように説明しています。「この手段の目的と成果は，転移が患者の連想内容と微妙に絡み合ってしまうことを防ぎ，転移を切り離し，転移がいずれ抵抗として明らかな形をとって浮かび上がるようにさせることにある」（1913, p.134）。

　わたくしがそれらの一節を重視し過ぎているのではないか，Freudはそれらの発言の中で現在の役割について述べることに失敗しただけではないか，という人がいるかもしれません。わたくしの発言の主旨は，あらゆる転移の表出において，現在の役割を体系立てて追求した人なら，そんな不適切な発言はしないだろう，ということです。問題は何を強調するのか，ということなのです。

　一方，Freudのいくつかのコメントは，転移における現実状況の役割に気づいていることを明らかに示唆しています。最初の例として，個々の例において神経症を転移の中に翻訳することができる程度には，ある程度限界がある，ことを示唆しているFreudの発言があります。ここでわたくしは今一度，次の一節について述べます。「コンプレックスの材料の中（コンプレックスの内容）にある何かが，分析家の人物に転移されるのにふさわしいものであれば，転移が生じる」（1912a, p.103）。この意味は，分析医の人物に転移されるのにふさわしくないものがあるが，それは分析状況の現実のためである，ということです。同様に，**精神分析入門**において，Freudは次のように指摘しています。すなわち，転移神経症において，「患者の症状はすべてその元の意味を捨ててしまい，転移との関係の中に存在する一つの新しい意味を持つようになる。ある

いは，そのような変換に成功した症状だけが存続するようになる」(1916-1917, pp.444)。

　他の箇所では，彼の公式化は，転移が分析家に結びつけられるその前に，現実状況が転移にある程度の修正を要求することがあるが，そうした修正はときどきなされている，というものです。たとえばDora症例において，彼は次のように書いています。

　　代理物であるということを除けば，原型とまったく異なるところのない内容を持った転移もある。同じ比喩を続けるなら，それは単なる新版，あるいは重版である。他にもっと巧妙に構築された転移がある。すなわち内容のもつ力が和らげられたものになって——これは私が昇華と呼ぶものである——，意識的なものにさえなりうるのである。それは医師という人物あるいは個人的事情の現実的な特殊性を巧みに利用し，それらを転移に結びつけることによってなされるのである。したがって，これはもはや原版のままの増刷ではなく，修正された改版である［1905, p.116］。

　同時に，転移における表象の中には，転移されるのにふさわしくない事柄もあるという発言がみられ，それが示唆しているのは，転移の遍在性の原則や，転移解釈の最重要性という全般的な原則には限界があるということです。「終わりある分析と終わりなき分析」(1937a)の中でFreudは転移の限界について明らかにしています。潜在的な本能の葛藤にたいしてなにかをすることができるかどうかに関連して，彼は次のように書いています。「患者自身は自己のすべての葛藤を転移の中に持ち込むことはできない。同様に分析家も転移状況を通して，患者の可能性のある本能葛藤のすべてを引き出すことはできない」(p.233)。例として，彼は，分析家は患者に嫉妬を体験させることはできるかもしれないと示唆していますが，それはそれ自身で自然に生じてこなければならないし，そのための特殊な技法的意図なしに，と強調しています。言い換えると，分析家が故意にすべきでないのは，「患者にたいして冷たく振る舞うことである。『なぜなら』そうすると，分析家にたいする親愛的な態度，分析作業という共同の仕事を患者が分担するもっとも強い動機である陽性転移にダメージを与えてしまうことになるからである」(p.233)[2]

　2）ちなみに，この後期の論文におけるFreudの「転移」と「陽性転移」という用語の用い方は，わたくしが終始強調してきた「転移抵抗」と「抵抗とはならない陽性転移」の区別と同じ区別だということがわかります。

わたくしは分析治療が「完璧な」ものであり得る，と言っているわけではありません。ただ重要な諸葛藤は転移の中に表れ得るし，表れるだろうと言っているだけです。また転移は操られるべきではない，というFreudの主張に決して同意していないのでもありません。

　神経症が転移の中に表出されるようになり得る程度には限界がある，という観点の亜種は，転移の経過はその神経症の主要な問題をそのまま繰り返さずともよい（1912a, p.104n），というFreudの意見です。偽装の様式はたくさんあることと，転移は現実状況にふさわしいように自らを修正して表出しうる，ということをいったん認めると，その結果，どのような重要な葛藤も転移の中に表れ得るし，表れるだろう，そして分析家がその偽装を見抜くのに避けられない障壁などない，ということになります。

　転移解釈の諸原則の章で述べたように，Lipton（1977b）は，一般によく知られている置き換えによる転移の偽装と対比して，同一化による転移の偽装について議論しています。次のように言っていいかもしれません。すなわち，転移は，転移が何ら明白ではない分析素材に偽装した形で表現して密かに言及されることがあるから，より細やかに注意を向ければ，患者の疾患の重要な諸特徴のすべては転移の中にその表現を見出し，そのため分析過程において転移解釈が中心になるということが，Freudが転移解釈に与えた以上に，もっと強調されてしかるべきである，という認識に至ります。万が一このことが間違っていたとしても，その疾患の重要な諸特徴のすべてが転移の中にその表現を見出すだろう，という分析家の作業仮説は有益なものになりましょう。分析家がそうした諸特徴を探究することから目をそらさないようにするからです。

　Freudが転移の全般的性質に与えたある種の限定，を示すもう一つの例は，男性における受動性と女性におけるペニス羨望とを対比させた議論の中に見られます。Freud（1937a）は，男性における強い転移抵抗を指摘しています。彼らは，「父親代理の意味を持っている相手に服従することを拒み，あるいはその相手にどのようなことでも義務を負うことを拒み，医師から回復させてもらうことをも拒むのである」（p.252）。しかし彼はすぐに，きわめて断固とした調子で次のように続けています。「女性のペニス羨望からは，これと類似した転移は生じない。」その後，彼は女性の抑うつ反応を記載していますが，それらは「分析治療は何の役にも立たないだろうし，何らの救いもないだろうという内的確信」から生じるのです。Freudがなぜこの反応を**転移**と見なそうと

しなかったのか，理解するのは困難です。その反応は，彼が記述した男性の反応ときわめて「類似」しているのにです。Freudの記載を追っていくと，男性が医師から回復させてもらうことを拒むのは，自分の受動性を受け入れたくないからであり，女性が医師から回復させてもらうことを拒むのは，医師が女性が求めるものを与えてこなかったから，ということがわかります。「ペニス羨望」に関する論争に踏み込むのはやめて，わたくしがここで強調したいのは，Freudは転移に表れる葛藤の種類に限界を設けているということです。それとは反対に，わたくしは**すべての葛藤が転移の中に表現されうる**と論じたいのです。

Freudは続けて次のように述べています。

　しかしわれわれはまたそのことから，いかなる形で抵抗が表れるのか，転移としてなのか，あるいはそうではないのか，ということは重要ではないことを学ぶのである。根本的なところは依然としてそのままである。すなわち，抵抗はどのような変化が生じるのも阻止するので，すべては元のままで何も変わらないということである。われわれは，ペニス羨望と男性的抗議に至れば，すべての心理的地層を貫いて岩盤に到達したのであり，われわれの分析作業はこれで終わりであるという印象をしばしば持つ。これはおそらく真実である。というのは，精神的な領域にとって，生物学的な領域が，基底にある岩盤の役割を実際に演じているからである。女性性の拒否ということは，一つの生物学的事実，性というこの大いなる謎の一部以外のものではありえないのである［p.252］。

この発言で重要なのは，Freudの生物学的な志向がいかに彼の分析作業の妨げになっているのか，を示していることです。ここで彼は，われわれはもはや心理学的な地盤の上にいるのではなく，生物学的な地盤の上にいるのであって，そのことに関して精神分析は無力である，と言って，進んで敗北を認めているかのようです。Freudは陰性治療反応に関しても同様の態度を示しています。この場合には，Freudは敗北を生物学的諸要因が関与しているせいにするのではなく，反復強迫という抽象概念のせいにしています。くりかえし，言いますが，わたくしは，人は決して敗北しないとか，決して諦めてはならない，と言っているのではありません。わたくしの言いたいことは，分析治療が失敗したからといって，必ずしも，患者の問題が心理学的なものではないとか，ある特別な原理を発動させなければならない，という結論に至る必要はない，ということです。

上述の「性というこの大いなる謎」というコメントについての脚注で，Freudは生物学的基盤にたいする確信に付加して述べています（pp.252n-253n）。すなわち，彼は，男性にたいして受動的であることを拒む男性はしばしば女性にたいして受動的であることを見て，そうした男性が拒んでいるのは受動性そのものではなく，「去勢不安」であると結論づけています。この発言は，女性についての発言と同様に，去勢不安は結局は生物学的なものであり，その限りでは，関与している心理学的諸要因の分析治療は困難かもしれない，ということを示唆しています。しかし重要な心理学的，文化的諸要因があって，そのために男性が女性にたいしては受動性を受け入れ，男性にたいしては受動性を受け入れなくなることがありうる，ということも明白だと思われます。すなわち，生物学的説明に依る必要はないと思われます。

しかもFreudは同じ論文で心理学的諸概念をそのように生物学的に研究することにたいして警告しています。彼はその点を強調して，Fliessには同意できないと言っています。Fliessは，「そうした2つの性の対立を，抑圧の真の原因であり，主要な動機であると考える方向に傾いていた」のです。Freudは，それとは対照的に，「抑圧をそのように性化する，すなわち，抑圧を純粋に心理学的な基盤に基づいて説明するのではなく，生物学的な基盤に基づいて説明すること，を拒否する」（p.251）と主張しています。

Fenichel（1938-1939）は，わたくしが述べた，基盤としての生物学についてのFreudの考えにたいして，同様の疑問を呈しています。彼はFreudの「終わりある分析と終わりなき分析」について記述しています。

> 彼の論文の結論部分が述べているのは，生物学的領域へと拡がっている抵抗と，それに，彼が両性素質（bisexuality）と言っているものとにたいして，われわれが接近するのはもっとも困難だということである……男性にとって，その困難は女性化への恐れにしがみつくことから生じる……女性にとって，その困難は男性化への喜びにしがみつくことから生じる……その差異は非常に重要だと思われる。おそらく，そこに示されていることは，体験的，社会的要因がいまだに作用しうる限り，われわれが生物学にさかのぼることには慎重であるべきだということである［pp.121-122］。

両性素質の生物学的要因よりも心理学的要因を論じるのは，両性素質から派生する諸抵抗の困難さの克服を過小評価しているのではありません，それらの諸抵抗は転移の中に表出されうるし，それ故心理学的な影響を受けうる，と言

っているのです。他方，それらの諸抵抗を生物学的要因によるものと見なすと，それで，その問題を閉め出すことになります。明らかに，分析家の側のどのような理論的傾向も，諸抵抗が転移にどのように表出されているのかにたいする分析家の注意に干渉するでしょう，すなわち分析状況における分析家の振る舞いに影響するでしょう。

　転移に関するFreudの著作と実践を批判してきた人は他にもいます。Brian Bird（1972）は，Freudは転移についての最初の理解から後退したと信じています。彼は，転移がいかに分析治療の中心であるかを考えると，転移に関するFreudの論述がいかに少ないかを述べています。彼は次のように述べています。「分析治療における**必須条件**としての転移という役割は，広く受け入れられたし，受け入れられている，そしてFreudによって最初からそのように述べられた。しかし，転移分析が分析治療の性質に大きな変化を引き起こした，とはほとんど認められてこなかった。自由連想法の分析治療への導入は，それに比べてもっと小さい変化だが，より広く認められたし，いまでも認められているのだが」(p.269)。

　彼は，Dora症例における転移についての発言を「Freudの全著作の中でもっとも重要なものであり，それらの発言が追加されているその論文は，断然価値がある」(p.272) と考えています。にもかかわらず，そうした確信をFreudはすぐに失ってしまったとBirdは示唆しています。「その後，転移について彼の書いたものはどれもその水準に達していないし，後に彼が言及したものの大半は，その水準から後退している」(p.273)。BirdはまたFreudの転移に関する「動揺，矛盾，省略，彼の鋭い洞察と明らかな鈍感さ」(p.277) にも言及しています。彼は「終わりある分析と終わりなき分析」の興味深い点を指摘しています。すなわち，その論文でFreudは，催眠に代わるものは何も見出せなかった，と言っているのですが，彼は，Freudはなぜ，転移を催眠に代わる適切な代理物と考えなかったのだろうか，と疑問を呈しているのです (p.275)。

　Kardiner（1977）の1921年から1922年にかけてのFreudとの分析記録が，最近出版されました。その記録が正確だとして，そこで明らかなのは，Freudが転移分析をするときもあれば，しないときもあるということです。たとえば，KardinerはFreudに，以前の分析の時に見たある夢を報告しています。Freudは，その夢をエディプス・コンプレックスの観点から解釈していますが，転移については何も言及していません。彼は，患者の父親によって感じさせられた

恥辱感と卑小感，父親への殺人願望，父親に代わって義母と性的関係を持ちたいという願望を強調しました。その夜，Kardinerは，塹壕を掘っている人たちの夢を見ました。Kardinerは彼らに掘るのを止めるように頼んだのです。Freudはその夢を転移として解釈し，患者はFreudに過去を掘り続けてほしくないのだ，と言いました。

さてKardinerは，彼がなぜ意識上で父親を崇めたのか，とFreudに尋ねたときのことを述べていますが，Freudはその質問にたいして，Kardinerは父親を恐れているので，「眠れる龍を，怒れる父親を目覚めさせないために」(p.58) 服従的で従順なままでいなければならないのだ，と答えたのです。それからKardinerは，後年ここでのFreudの過ちに気づいたと説明しています。「転移概念を考案したこの男性は，ここで転移が生じたときに転移に気づかなかったのである。彼はひとつのことを見逃した。そう確かに，私は幼児期に父親を恐れていたが，この時私が恐れたのはFreudその人だった，ということである。彼は私を生かすも殺すもできたが，私の父親はもはやそうできなかった。Freudはあのように答えることで，私のすべての反応を過去に追いやり，そうすることで分析治療を歴史的な再構成という作業にしたのである」(p.58)。Kardinerは続けて，父親とFreud双方に対する隠された攻撃性を強調しています。「私はFreudと沈黙の協定を結んだ。『私は従順なままでいます，あなたの保護下にいる満足を与えてくださるのなら。』彼が私を拒めば，私は彼の魔術的な職業集団の中に入る機会を失うだろう。私はそのようにおとなしく従うことで，私の性格の重要な部分を密封し，精査されないようにしたのである」(p.59) 3)。

先にわたくしは，促進する転移と妨害する転移との区別を示すために，技法論の諸論文のひとつからある一節を引用しました。ここで再度引用しようと思います。それはその一節が，Freudにとって，転移にたいする分析作業は，転移外の作業にたいする補助的なものであったことも示しており，そして転移外の作業の方法をも明らかにしていると思うからです。

---

3) それにもかかわらず，いくつかの理由からKardinerの後年の回想には疑問があります。というのはKardinerは，Freudがそれは彼の父親にたいする願望だと解釈した，としてFreudを引用していますが，同時にFreudは，Kardinerが，Freudより前に受けた分析家について，Kardinerの殺人願望に気づくと，愛情や支持を撤去されるのではないか，と恐れていた，と解釈してもいるのです (p.55)。

このように患者が分析家に負っている新しい力の源泉は，転移と指示（患者に与えられたコミュニケーションを介しての）へと還元できる。しかし患者は，転移によってそうしてみようと思わされたときにのみ，その指示を用いるにすぎない。そのため強力な転移が確立されるまで，われわれは最初のコミュニケーションを差し控えなければならない。……それぞれの場合に，われわれは，次々に生じてくる転移抵抗によって引き起こされる転移性の障害，が取り除かれるまで待たなくてはならない[1913, pp.143-144]。

　この「コミュニケーション」が，これは明らかに転移外のものであり，転移分析ではないのですが，最重要なことなのです。抵抗としての転移という名称は，まさにこれと同じ意味を持っています。

　Freudが転移分析を最重要なものと考えなかったことが，分析過程においてはそう考えるべきだったのですが，分析家が転移解釈をより積極的におこなおうとしなくなったことに，一定の影響を与えたと考えられます。転移解釈を考案したのは彼であり，患者の葛藤はすべて結局は転移の只中において操作されなければならない，と明言したのは彼である，という事実にもかかわらずです。

結　語

　本書の目的は，転移解釈が，一般に実践されていると思われているよりも，分析技法の中で，より広範により中心的な役割を果たすべきである，と論じることです。転移分析の発展はFreudの初期の論文から始まっていますし，彼の転移分析の用法は，疑いなく洗練され，分析作業の中心になってきましたが，決してそうあるべきほどには分析技法の中心になってはいないと思います。Freudは，転移分析は神経症の分析治療における補助である，という観点を維持し，神経症の分析治療は本質的に転移分析という方法によって起こる，とは主張しなかったのです。

　わたくしは，転移の概念化における強調点を移動させることによって，後者の観点を論じています。わたくしは転移を，主として過去による現在の歪曲化と見なすよりも，過去と現在との合金であると見なします。現在が転移の中に表象されているのですから，それは，今ここの分析状況にたいしての，患者がなし得る限りでのもっともらしい反応，に基づいています。この観点が意味しているのは，分析家はたんなる観察者ではなく，いやおうなく，関与しながらの観察者（Sullivanの用語）にならざるを得ない，ということです。それはまた次のことも意味しています。すなわち，分析状況の現実は分析家によって客観的に認定しうる，という観点から，分析状況の現実とは，その分析状況が患者によって体験されているそのありようが次第に明らかになることで，認定される，という観点への変化です。

　転移は患者と分析家との相互作用の結果として生じたものである，という観点に従えば，転移は分析治療の最初からあるし，分析治療を通して常に存在しているということになります。しかし，この転移はしばしば隠されています。というのは，患者も分析家もともにその意味するところに抵抗するからです。もっともよく見られる隠蔽は，転移について明白に語っていない諸連想の中で転移をほのめかすというものです。それらのほのめかしにたいする解釈は，転移に気づくことへの抵抗の解釈として，転移解消への抵抗の解釈とは対比的なものとして，区別されるべきです。転移に気づくことへの抵抗の解釈は，分析

治療の場や分析治療における相互作用にたいして患者が反応している，ことのすべて，から出発しなければなりません。転移に気づくことへの抵抗は，しばしばこの出発点を前意識に追いやってしまうので，分析家はそこを掘り出さなければなりません。しかし，なに気なく転移に言及し，その後は，転移について明白には語っていない諸連想の中でほのめかすことで，転移が発育することがしばしばあります。このような一過性の明らかな言及は，分析家にとって，転移に気づくことへの抵抗の解釈をおこなう重要な手がかりになります。

　転移に気づくことへの抵抗のそうした解釈は，転移解消への必須の前提条件です。それらの解釈は，分析治療の開始から始まり，分析治療を通して常になされます。分析作業における協力態勢，すなわち治療同盟，にとって必要な背景としてFreudの論じた，抵抗とはならない陽性転移は，他の方法によって促進されるべきものではありません。それは転移の解明，というまさにその過程によって促進されるのです。

　転移解消は主に患者の歴史の想起という方法によってもたらされる，と伝統的に考えられていますが，それは転移の過去に由来する面の起源を説明しています。この観点は，転移分析は神経症の分析治療の補助である，という立場では不可欠な要点です。それとは反対に，わたくしが論じているのは，転移分析が神経症の分析治療であるのなら，転移解消もまた転移分析の中で十分におこなわれなければならないということです。それには主に2つの方法があると思います。第一は，分析状況が転移に及ぼしている影響を明確にすることによって，患者が分析状況を体験してきたあり方，がその患者に独特のものであると認識することです。そうすることで患者は，分析体験における自分自身の寄与を，すなわち過去からの寄与を，いやおうなく認識せざるを得ないのです。第二は，妨害となる逆転移を除外できれば，転移の検討は必然的に，分析家との相互作用体験になり，それは転移体験よりもより有効なものになるということです。ここには「修正感情体験」が含まれますが，それはそのものとして追求されるのではなくて，分析作業の必然的副産物なのです。

　本報告では，今ここにおける転移に対する分析作業，それは転移に気づくことへの抵抗の解釈と，転移解消への抵抗の解釈の両方においてですが，を強調することが増えています。本報告は，転移外の解釈，それが最近のことであれ過去のことであれ，にあまり重きをおきませんし，また発生論的解釈にも重きをおきません。この両方に重きをおかないということが主な理由で批判されて

きました。そこには次のような議論が伴っていました。すなわち，解釈の形式はすべて分析技法の中でそれぞれ適切な役割をもっているし，転移を過度に強調することは，分析家が分析素材を特定の方向に導こうとするようなあらゆる偏った試み，と同様の不幸な影響を分析過程に与える，というものです。わたくしの返答は，第一に，分析家は自分の転移解釈が転移に与える影響に注意深くなければならないし，それは，彼がおこなうどのような介入の影響にたいしても注意深くなければならない，こととまったく同じである，というものです。第二に，現在についての解釈と過去についての解釈との割合についてのテーマは，調査研究によって決定されるしかない，というものです。その調査研究とは，今ここにおける転移について，時間と重要性の両方をなによりも重視しておこなわれる分析治療のことです。適切な重みづけの割り振りがどうであるかは，患者によって異なることでしょう。

　今ここにおける転移解釈，を強調することでわたくしが言おうとしていることは，詳細に記述された臨床素材によってしか十分明確にされ得ない，とわたくしは確信するようになっています。本書は本質的に解釈理論だけを提示しています。第 2 巻に掲載される，9 本の注釈つきのテープ録音されたセッション記録が，必要な例証になることを望んでいます。

　わたくしが主張している分析技法の強調点の移動によって，分析技法は，通常可能と考えられているよりも，より幅広い治療セッティングにたいして適用可能なものになるはずです。それはセッションの頻度や，寝椅子を使用するのか椅子を使用するのか，患者のタイプ，あるいは治療者の経験によって異なるどのようなセッティングにたいしてもです。そう信じつつわたくしは声明を閉じることにいたします（参照：Gill, 1979, 1982）。

文　献

Alexander, F. (1925), Review of Ferenczi and Rank, *The Development of Psychoanalysis*. *International Journal of Psychoanalysis*, 6: 484-497.
――(1935), The Problem of Psychoanalytic Technique. *Psychoanalytic Quarterly*, 4: 588-611.
――, French, T., et al. (1946), *Psychoanalytic Therapy*. New York: Ronald Press.
Arlow, J., & Brenner, C. (1966), Discussion. In: *Psychoanalysis in the Americas*, ed. R.E. Litman. New York: International Universities Press, pp.133-138.
Beigler, J.S. (1975), A Commentary on Freud's Treatment of the Rat Man. *The Annual of Psychoanalysis*, 3: 271-286. New York: International Universities Press.
Bergmann, M., & Hartman, F., Eds.(1976), *The Evolution of Psychoanalytic Technique*. New York: Basic Books.
Bibring, E. (1937), Symposium on the Theory of the Therapeutic Results of Psycho-Analysis. *International Journal of Psychoanalysis*,18: 170-189.
Bird, B. (1972), Notes on Transference. *Journal of the American Psychoanalytic Association*, 20: 267-301.
Blanton, S. (1971), *Diary of My Analysis with Sigmund Freud*. New York: Hawthorne. (馬場謙一訳：フロイトとの日々――教育分析の記録. 日本教文社, 1972.)
Blum, H.P. (1971), On the Conception and the Development of the Transference Neurosis. *Journal of the American Psychoanalytic Association*, 19: 41-53.
Bordin, E. (1974), *Research Strategies in Psychotherapy*. New York: Wiley and Sons.
Brenner, C. (1969), Some Comments on Technical Precepts in Psychoanalysis. *Journal of the American Psychoanalytic Association*, 17: 333-352.
――(1979), Working Alliance, Therapeutic Alliance, and Transference. In : *Psychoanalytic Explorations of Technique*, ed. H.P. Blum. New York: International Universities Press, 1980, pp.137-157.
Breuer, J., & Freud, S. (1893-1895), Studies on Hysteria. *Standard Edition*, 2. London: Hogarth Press, 1955. (懸田克躬訳：ヒステリー研究. [フロイト著作集7], 人文書院, 1974.；金関猛訳：ヒステリー研究（上下）. ちくま学芸文庫, 筑摩書房, 2004.)
Brockbank, R. (1970), On the Analyst's Silence in Psycho-Analysis. *International Journal of Psychoanalysis*, 51: 457-464.
Brunswick, R.M. (1928), A Supplement to Freud's "History of an Infantile Neurosis." In: *The Wolf-Man*, ed. M. Gardiner. New York: Basic Boos,1971, pp.263-307.
Calef, V. (1971), On the Current Concept of Transference. *Journal of the American*

Psychoanalytic Association, 19: 22-25, 89-97.
Curtis, H.C. (1979), The Concept of Therapeutic Alliance: Implications for the "Widening Scope." In: *Psychoanalytic Explorations of Technique*, ed. H.P. Blum. New York: International Universities Press, 1980, pp.159-192.
Daniels, R.S. (1969), Some Early Manifestations of Transference: Their Implications for the First Phase of Psychoanalysis. *Journal of the American Psychoanalytic Association*, 17: 995-1014.
De Forest, I. (1954), *The Leaven of Love: A Development of the Theory and Technique of Sandor Ferenczi*. New York: Harper & Brothers.
Dewald, P. (1976), Transference Regression and Real Experience in the Psychoanalytic Process. *Psychoanalytic Quarterly*, 43: 213-230.
Dickes, R. (1975), Technical Considerations of the Therapeutic and Working Alliances: *International Journal of Psychoanalytic Psychotherapy*, 4: 1-24.
Doolittle, H. (1956), *Tribute to Freud*. New York: Pantheon. (鈴木重吉訳：フロイトにさぐ．みすず書房，1983.)
Fenichel, O. (1935), Concerning the Theory of Psychoanalytic Technique. In: *The Evolution of Psychoanalytic Technique*, ed. M. Bergmann & F. Hartman. New York: Basic Books, 1976, pp.448-465.
――(1938-1939), *Problems of Psychoanalytic Technique*. Albany: Psychoanalytic Quarterly Inc., 1941. (安岡誉訳：精神分析技法の基本問題．金剛出版，1988.)
Ferenczi, S. (1909), Introjection and Transference. In: *Sex in Psychoanalysis*. New York: Basic Books, 1950, pp.35-93.
――(1925), Contraindication to 'Active Psycho-Analytical Technique.' In: *Further Contributions to the Theory and Technique of Psycho-analysis*. London: Hogarth Press, 1950, pp.217-230.
―― & Rank, O. (1923), *The Development of Psychoanalysis*, trans. C. Newton. New York: Dover,1956.
Freud, A. (1936), *The Ego and the Mechanisms of Defense*. New York: International Universities Press, Rev.Ed.,1966. (黒丸正四郎訳：自我と防衛機制．[アンナ・フロイト著作集2　牧田清志・黒丸正四郎監修]，岩崎学術出版社，1982.)
――(1954), The Widening Scope of Indications for Psychoanalysis: Discussion. *The Writings of Anna Freud*, 4: 356-376. New York: International Universities Press,1968. (黒丸正四郎・中野良平訳：精神分析の適用範囲の拡大；討論．[アンナ・フロイト著作集6　牧田清志・黒丸正四郎監修]，岩崎学術出版社，1984.)
――(1968), Acting Out. *The Writings of Anna Freud*, 7: 94-109. New York: International Universities Press,1971. (佐藤紀子・岩崎徹也・辻祥子訳：行動化．[アンナ・フロイト著作集10　牧田清志・黒丸正四郎監修]，岩崎学術出版社，1982.)
――(1969), Difficulties in the Path of Psychoanalysis: A Confrontation of Past with Present Viewpoints. *The Writings of Anna Freud*, 7: 124-156. New York: International

Universities Press, 1971. (佐藤紀子・岩崎徹也・辻祥子訳：精神分析の直面する困難さ——過去と現在の対比. [アンナ・フロイト著作集10　牧田清志・黒丸正四郎監修], 岩崎学術出版社, 1982.)

Freud, S. (1900), The Interpretation of Dreams. *Standard Edition*, 4 & 5. London: Hogarth Press, 1953. (高橋義孝訳：夢判断. [フロイト著作集2], 人文書院, 1968.)

——(1905), Fragment of an Analysis of a Case of Hysteria. *Standard Edition*, 7: 7-122. London: Hogarth Press, 1953. (細木照敏・飯田眞訳：あるヒステリー患者の分析の断片. [フロイト著作集5], 人文書院, 1969.)

——(1909a), Analysis of a Phobia in a Five-Year-Old Boy. *Standard Edition*, 10: 5-149. London: Hogarth Press, 1955. (高橋義孝・野田倬訳：ある5歳男児の恐怖症分析. [フロイト著作集　同上].)

——(1909b), Notes upon a Case of Obsessional Neurosis. *Standard Edition*, 10: 155-318. London: Hogarth Press, 1955. (小此木啓吾訳：強迫神経症の一症例に関する考察. [フロイト著作集9], 人文書院, 1983.)

——(1910a), Five Lectures on Psycho-Analysis. *Standard Edition*, 11: 9-55. London: Hogarth Press, 1957. (青木宏之訳：精神分析について. [フロイト著作集10], 人文書院, 1983.)

——(1910b), The Future Prospects of Psycho-Analytic Therapy. *Standard Edition*, 11: 141-151. London: Hogarth Press, 1957. (小此木啓吾訳：精神分析療法の今後の可能性. [フロイト著作集9], 人文書院, 1983.)

——(1910c), 'Wild' Psycho-Analysis. *Standard Edition*, 11: 221-227. London: Hogarth Press, 1957. (小此木啓吾訳：「乱暴な」分析について. [フロイト著作集　同上].)

——(1911a), The Handling of Dream-Interpretation in Psycho-Analysis. *Standard Edition*, 12: 91-96. London: Hogarth Press, 1958. (小此木啓吾訳：精神分析療法中における夢解釈の使用. [フロイト著作集　同上].)

——(1911b), Psycho-Analytic Notes on an Autobiographical Account of a Case of Paranoia (Dementia Paranoides). *Standard Edition*, 12: 9-82. London: Hogarth Press, 1958. (小此木啓吾訳：自伝的に記述されたパラノイア（妄想性痴呆）の一症例に関する精神分析的考察. [フロイト著作集　同上].)

——(1912a), The Dynamics of Transference. *Standard Edition*, 12: 99-108. London: Hogarth Press, 1958. (小此木啓吾訳：転移の力動性について. [フロイト著作集　同上].)

——(1912b), Recommendations to Physicians Practicing Psycho-Analysis. *Standard Edition*, 12: 111-120. London: Hogarth Press, 1958. (小此木啓吾訳：分析医に対する分析治療上の注意. [フロイト著作集　同上].)

——(1913), On Beginnings the Treatment (Further Recommendations on the Technique of Psycho-Analysis I). *Standard Edition*, 12: 123-144. London: Hogarth Press, 1958. (小此木啓吾訳：分析治療の開始について. [フロイト著作集　同上].)

——(1914), Remembering, Repeating and Working-Through (Further Recommendations on the Technique of Psycho-Analysis Ⅱ). *Standard Edition*, 12: 147-156. London: Hogarth Press, 1958.（小此木啓吾訳：想起，反復，徹底操作．［フロイト著作集6］，人文書院，1970.）

――(1915), Observations on Transference-Love (Further Recommendations on the Technique of Psycho-Analysis Ⅲ). *Standard Edition*, 12: 159-171. London: Hogarth Press, 1958.（小此木啓吾訳：転移性恋愛について．［フロイト著作集9］，人文書院，1983.）

――(1916-1917), Introductory Lectures on Psycho-Analysis. *Standard Edition*, 15 & 16. London: Hogarth Press, 1963.（懸田克躬・高橋義孝訳：精神分析入門．［フロイト著作集1］，人文書院，1971.）

――(1918), From the History of an Infantile Neurosis. *Standard Edition*, 17: 7-122. London: Hogarth Press, 1955.（小此木啓吾訳：ある幼児期神経症の病歴より．［フロイト著作集9］，人文書院，1983.）

――(1919), Lines of Advance in Psycho-Analytic Therapy. *Standard Edition*, 17: 159-168. London:Hogarth Press, 1955.（小此木啓吾訳：精神分析療法の道．［フロイト著作集同上］．)

――(1920a), Beyond the Pleasure Principle. *Standard Edition*, 18: 7-64. London: Hogarth Press, 1955.（小此木啓吾訳：快感原則の彼岸．［フロイト著作集6］，人文書院，1970.）

――(1920b), The Psychogenesis of a Case of Homosexuality in a Woman. *Standard Edition*, 18: 147-172. London: Hogarth Press, 1955.（高橋義孝訳：女性同性愛の1ケースの発生史について．［フロイト著作集11］，人文書院，1984.）

――(1921), Group Psychology and the Analysis of the Ego. *Standard Edition*, 18: 69-143. London: Hogarth Press, 1955.（小此木啓吾訳：集団心理学と自我の分析．［フロイト著作集6］，人文書院，1970.）

――(1925), An Autobiographical Study. *Standard Edition*, 20: 7-74. London: Hogarth Press, 1959.（懸田克躬訳：自己を語る．［フロイト著作集4］，人文書院，1970.）

――(1926a), Inhibition, Symptoms and Anxiety. *Standard Edition*, 20: 87-172. London: Hogarth Press, 1959.（井村恒郎訳：制止・症状・不安．［フロイト著作集6］，人文書院，1970.）

――(1926b), The Question of Lay Analysis. *Standard Edition*, 20: 183-258. London: Hogarth Press, 1959.（池田紘一訳：素人における精神分析の問題．［フロイト著作集11］，人文書院，1984.）

――(1933), New Introductory Lectures on Psycho-Analysis. *Standard Edition*, 22: 5-182. London: Hogarth Press, 1964.（懸田克躬・高橋義孝訳：精神分析入門（続）．［フロイト著作集1］，人文書院，1971.）

――(1937a), Analysis Terminable and Interminable. *Standard Edition*, 23: 216-253. London: Hogarth Press, 1964.（馬場謙一訳：終りある分析と終りなき分析．［フロイト著作集6］，人文書院，1970.）

―――(1937b), Constructions in Analysis. *Standard Edition*, 23: 257-269. London: Hogarth Press, 1964.(小此木啓吾訳:分析技法における構成の仕事.[フロイト著作集9], 人文書院, 1983.)

―――(1940), An Outline of Psycho-Analysis. *Standard Edition*, 23: 144-207. London: Hogarth Press, 1964.(小此木啓吾訳:精神分析学概説.[フロイト著作集　同上])

Friedman, L.(1969), The Therapeutic Alliance. *International Journal of Psychoanalysis*, 50: 139-154.

―――(1978), Trends in Psychoanalytic Theory of Treatment. *Psychoanalytic Quarterly*, 47: 524-567.

Gill, M.M. (1979), Psychoanalytic Psychotherapy, 1954-1979. Presented at a symposium in Atlanta, Ga.

―――(1980-1981), The Analysis of Transference: A Critique of Fenichel's *Problems of Psychoanalytic Technique*. *International Journal of Psychoanalytic Psychotherapy*. 8: 45-56.

―――(1982), An Interview with Merton Gill. *Psychoanalytic Review*. 69: 167-190.

―――― & Hoffman, I,Z. (1982), A Method for Studying Resisted Aspects of the Patient's Experiences in Psychoanalysis and Psychotherapy. *Journal of the American Psychoanalytic Association*, 30: 137-167.

―――― & Muslin, H. (1976), Early Interpretation of Transference. *Journal of the American Psychoanalytic Association*, 24: 779-794.

Gitelson, M. (1962), The Curative Factors in Psycho-Analysis. *International Journal of Psycho-Analysis*, 43: 194-205.

Glover, E. (1931), The Therapeutic Effect of Inexact Interpretation. In: *The Technique of Psycho-Analysis*. New York: International Universities Press, 1955, pp.353-366.

―――(1955), *The Technique of Psycho-Analysis*. New York: International Universities Press.

Gray, P. (1973), Psychoanalytic Technique and the Ego's Capacity for Viewing Intrapsychic Activity. *Journal of the American Psychoanalytic Association*, 21: 474-494.

Greenacre, P. (1954), Practical Considerations in Relation to Psychoanalytic Therapy. *Journal of the American Psychoanalytic Association*, 2: 671-684.

Greenson, R.R. (1965), The Working Alliance and the Transference Neurosis. *Psychoanalytic Quarterly*, 34: 155-181.

―――(1966), Discussion. In: *Psychoanalysis in the Americas*, ed R.E.Litman. New York: International Universities Press, pp.131-132.

―――(1967), *The Technique and Practice of Psychoanalysis*, Vol.1. New York: International Universities Press.

―――(1971), The "Real" Relationship between the Patient and the Psychoanalyst. In: *The Unconscious Today*, ed. M. Kanzer. New York: International Universities Press, pp.213-232.

―――(1974), Transference: Freud or Klein. *International Journal of Psycho-Analysis*, 55: 37-51.

—— & Wexler, M. (1969), The Non-Transference Relationship in the Psychoanalytic Situation. *International Journal of Psycho-Analysis*, 50: 27-40.
Harley, M. (1971), The Current Status of Transference Neurosis in Children. *Journal of the American Psychoanalytic Association*, 19: 26-42.
Hartmann, H. (1951), Technical Implications of Ego Psychology. *Psychoanalytic Quarterly*, 20: 31-43.
Heimann, P. (1950), On Counter-Transference. *International Journal of Psycho-Analysis*, 31: 81-84.（松木邦裕編・監訳：逆転移について．［対象関係論の基礎——クライニアン・クラシックス］，新曜社，2003.）
（訳注：第9章の訳注で述べたように，Gillの引用はこの論文中にはなく，以下の論文からの引用である）
Heimann, P. (1956), Dynamics of Transference Interpretation. *International Journal of Psychoanalysis*, 37: 303-310.
——(1962), The Curative Factors in Psychoanalysis: Contribution to the Discussion. *International Journal of Psychoanalysis*, 43: 228-231.
Hendrick, I. (1939), *Facts and Theories of Psychoanalysis*. New York: Knopf.（前田重治監訳：フロイド心理学入門．岩崎学術出版社，1975.）
Kaizer, H.(1934), Problems of Technique. In: *The Evolution of Psychoanalytic Technique*, ed. M. Bergmann & F.Hartman. New York: Basic Books. 1976, pp.383-416.
Kanzer, M.(1963), Review of *The Psychoanalytic Situation* by L. Stone. *International Journal of Psychoanalysis*, 44: 108-110.
——(1966), The Motor Sphere of the Transference. *Psychoanalytic Quarterly*, 35: 522-539.
——(1975), The Therapeutic and Working Alliance. *International Journal of Psychoanalytic Psychotherapy*, 4: 48-68.
——(1980), Freud's "Human Influence" on the Rat Man.In: *Freud and His Patients*, ed. M.Kanzer & J.Glenn.New York: Aronson, pp.232-240.
—— & Blum, H.P. (1967), Classical Psychoanalysis since 1931. In: *Psychoanalytic Technique: A Handbook for the Practicing Psychoanalyst*, ed. B.B.Wolman. New York: Basic Books, pp.93-146.
Kardiner, A. (1977), *My Analysis with Freud*. New York: Norton.
Khan, M.M. (1973), Mrs. Alix Strachey (Obituary). *International Journal of Psycho-Analysis*, 54: 370.
King, P. (1962), The Curative Factors in Psycho-Analysis: Contribution to the Discussion. *International Journal of Psycho-Analysis*, 43: 225-227.
Klein, M. (1952), The Origins of Transference. *International Journal of Psychoanalysis*, 33: 433-438.（舘哲朗訳：転移の起源．［メラニー・クライン著作集4　小此木啓吾・岩崎徹也編訳］，誠信書房，1985.）
Kohut, H. (1959), Introspection, Empathy, and Psychoanalysis. *Journal of the American*

Psychoanalytic Association, 7: 459-483. (伊藤洸監訳：内省・共感・精神分析.［P・H・オーンスタイン編：コフート入門］, 岩崎学術出版社, 1987.)

―――― & Seitz,P.(1963), Concepts and Theories of Psychoanalysis. In: *Concepts of Personality*, ed. J.Wepman & R.Heine.Chicago: Aldine, pp.113-141. (伊藤洸監訳：精神分析の概念と理論.［P・H・オーンスタイン編：コフート入門］, 岩崎学術出版社, 1987.)

Kris, E. (1951), Ego Psychology and Interpretation in Psychoanalytic Therapy. *Psychoanalytic Quarterly*, 20: 15-30.

――(1956a), The Recovery of Childhood Memories in Psychoanalysis. *The Psychoanalytic Study of the Child*, 11: 54-88. New York: International Universities Press.

――(1956b), On Some Vicissitudes of Insight in Psycho-Analysis. *International Journal of Psychoanalysis*, 37: 445-455.

Kubie, L.S. (1952), Problems and Techniques of Psychoanalytic Validation and Progress. In: *Psychoanalysis as a Science*, ed.E.Pumpian-Mindlin. Stanford: Stanford University Press, pp.46-124.

Langs, R. (1976), *The Bipersonal Field*. New York: Aronson.

――(1978), *Technique in Transition*. New York: Aronson.

Laplanche, J., & Pontalis, J.-B.(1967), *The Language of Psycho-Analysis*,Trans. D.Nicholson-Smith. New York: Norton,1973. (村上仁監訳：精神分析用語辞典. みすず書房, 1977.)

Leach, D., Rep. (1958), Technical Aspects of Transference. *Journal of the American Psychoanalytic Association*, 6: 560-566.

Leites, N. (1977), Transference Interpretations *Only? International Journal of Psychoanalysis*, 58: 275-288.

――(1979), *Interpreting Transference*. New York:Norton.

Levenson,E. (1972), *The Fallacy of Understanding*. New York: Basic Books.

Lichtenberg, J., & Slap,J. (1977), Comments on the General Functioning of the Analyst in the Psychoanalytic Situation. *The Annual of Psychoanalysis*, 5: 295-314. New York: International Universities Press.

Lipton, S.D.(1967), Later Developments in Freud's Techniques (1920-1939). In: *Psychoanalytic Techniques: A Handbook for the Practicing Psychoanalyst*, ed. B.B.Wolman. New York: Basic Books, pp.51-92.

――(1974), A Critical Review of *The Psychoanalytic Process* by P. Dewald. (Unpublished.)

――(1977a), The Advantages of Freud's Techniques as Shown in His Analysis of the Rat Man. *International Journal of Psychoanalysis*, 58: 255-274.

――(1977b), Clinical Observations on Resistance to the Transference. *International Journal of Psychoanalysis*, 58: 463-472.

Loewald, H. (1960), On the Therapeutic Action of Psycho-Analysis. *International Journal of Psychoanalysis*, 41: 16-33.

――(1970), Psychoanalytic Theory and the Psychoanalytic Process. *The Psychoanalytic*

Study of the Child, 25: 45-68.New York: International Universities Press.
――(1971), The Transference Neurosis. *Journal of the American Psychoanalytic Association*, 19: 54-66.
Loewenstein, R.M. (1951), The Problems of Interpretation. *Psychoanalytic Quarterly*, 20: 1-14.
――(1969), Developments in the Theory of Transference in the Last Fifty Years. *International Journal of Psychoanalysis*, 50: 583-588.
Macalpine, I.(1950), The Development of the Transference. *Psychoanalytic Quarterly*, 19:501-539.
McLaughlin, J. (1975), The Sleepy Analyst: Some Observations on States of Consciousness in the Analyst at Work. *Journal of the American Psychoanalytic Association*, 19: 501-539.
Muslin, H. (1979a), Transference in the Rat Man Case. *Journal of the American Psychoanalytic Association*, 27: 561-578.
――(1979b), Transference in the Wolf Man Case. Presented to the American Psychoanalytic Association.
―― & Gill, M.M. (1978), Transference in the Dora Case. *Journal of the American Psychoanalytic Association*, 26: 311-328.
Namnum, A. (1976), Activity and Personal Involvement in Psychoanalytic Technique. *Bulletin of the Menninger Clinic,* 40:105-117.
Nunberg,H. (1928), Problems of Therapy. In: *Practice and Theory of Psychoanalysis*, vol. Ⅰ. New York: International Universities Press, 1948, pp.105-164.
Payne,S.(1946), Notes on Developments in the Theory and Practice of Psychoanalytic Technique. *International Journal of Psychoanalysis*, 27: 12-18.
Racker, H.(1968), *Transference and Countertransference*. New York: International Universities Press. (坂口信貴訳：転移と逆転移．岩崎学術出版社，1982.)
Ramzy, I. (1974), How the Mind of the Psychoanalyst Works: An Essay on Psychoanalytic Inference. *International Journal of Psychoanalysis*, 55: 543-550.
Rangell, L. (1968), The Psychoanalytic Process. *International Journal of Psychoanalysis*, 49: 19-26.
――(1969), The Intrapsychic Process and Its Analysis. *International Journal of Psychoanalysis*, 50: 65-78.
Rapaport, D. (1958), A Historical Survey of Psychoanalytic Ego Psychology. *Bulletin of the Philadelphia Association of Psychoanalysis*, 8: 105-120. (Reprinted in: Collected Papers, ed.M.M.Gill. New York: Basic Books,1967, pp.745-757.)
Reich, W. (1933), *Character Analysis*, trans.T.Wolfe. Rangley, Maine: Orgone Institute Press,1945. (小此木啓吾訳：性格分析．岩崎学術出版社，1966.)
Riviere, J. (1939), An Intimate Impression. In: *Freud as We Knew Him*, ed.M.Ruitenbeek. Detroit: Wayne State University Press,1973, pp.353-356.

Rosenfeld, H. (1972), Critical Appreciation of James Strachey's Paper on 'The Nature of the Therapeutic Action of Psycho-Analysis.' *International Journal of Psychoanalysis*, 53: 455-462.

──(1974), A Discussion of the Paper by Ralph Greenson on 'Transference: Freud or Klein.' *International Journal of Psychoanalysis*, 55: 49-51.

Ross, N. (1978), Book Review of *The World of Emotions*, edited by C.Socarides. *Psychotherapy and Social Science Review*, 12 (14): 11.

Sandler, J. (1976a), Countertransference and Role-Responsiveness. *International Review of Psychoanalysis*, 3: 43-48.

──(1976b), Dreams, Unconscious Fantasies, and 'Identity of Perception.' *International Review of Psychoanalysis*, 3: 33-42.

── Dare, C., & Holder, A. (1973), *The Patient and the Analyst: The Basis of the Psychoanalytic Process*. New York: International Universities Press.（前田重治監訳：患者と分析者──精神分析臨床の基礎．誠信書房，1980.）

Saussure, R.de (1956), Sigmund Freud. In: *Freud as We Knew Him*, ed.M.Ruitenbeek. Detroit: Wayne State University Press, 1973, pp.357-359.

Schmideberg, M. (1953), A Note on Transference. *International Journal of Psychoanalysis*, 34: 199-201.

Segal, H.(1962), The Curative Factors in Psychoanalysis. *International Journal of Psychoanalysis*, 43: 213-217.（松木邦裕訳：精神分析での治癒因子．[クライン派の臨床──ハンナ・スィーガル論文集]，岩崎学術出版社，1988.）

──(1967), Melanie Klein's Technique. In: *Psychoanalytic Techniques: A Handbook for the Practicing Psychoanalyst*, ed. B.B.Wolman. New York: Basic Books, pp.168-190.（松木邦裕訳：メラニー・クラインの技法．[クライン派の臨床──ハンナ・スィーガル論文集]，岩崎学術出版社，1988.）

Shave, D. (1974), *The Therapeutic Listener*. Huntington, N.Y.: Krieger.

Silverberg, W. (1948), The Concept of Transference. *Psychoanalytic Quarterly*, 17: 303-321.

Sterba, R.F. (1934), The Fate of the Ego in Analytic Therapy. In: *The Evolution of Psychoanalytic Technique*, ed. M. Bergmann & F. Hartman. New York: Basic Books, 1976, pp.361-369.

──(1953), Clinical and Therapeutic Aspects of Character Resistance. *Psychoanalytic Quarterly*, 22: 1-20.

Stone, L.(1954), The Widening Scope of Indications for Psychoanalysis. *Journal of the American Psychoanalytic Association*, 2: 567-594.

──(1961), *The Psychoanalytic Situation*. New York: International Universities Press.

──(1967), The Psychoanalytic Situation and Transference: Post-script to an Earlier Communication. *Journal of the American Psychoanalytic Association*, 15: 3-58.

──(1973), On Resistance to the Psychoanalytic Process. In: *Psychoanalysis and

Contemporary Science, 2: 42-73, ed.B.B.Rubinstein. New York: Macmillan.
Strachey, J. (1934), The Nature of the Therapeutic Action of Psycho-Analysis. In: *Psychoanalytic Clinical Interpretation*, ed.L.Paul.New York: Free Press, 1963, pp.1-41. (松木邦裕編・監訳：精神分析の治療作用の本質.［対象関係論の基礎──クライニアン・クラシックス］, 新曜社, 2003.)
Tartakoff, H. (1956), Recent Books on Psychoanalytic Technique. *Journal of the American Psychoanalytic Association*, 4: 318-343.
Wachtel, P. (1977), *Psychoanalysis and Behavior Therapy*. New York: Basic Books.（杉原保史訳：心理療法の統合を求めて．金剛出版, 2002.）
──(1980), The Relevance of Piaget to the Psychoanalytic Theory of Transference. *The Annual of Psychoanalysis*, 8: 59-76. New York: International Universities Press.
Weinshel, E.M. (1971), The Transference Neurosis: A Survey of the Literature. *Journal of the American Psychoanalytic Association*, 19: 67-88.
Wisdom, J.O. (1956), Psychoanalytic Technology In: *Psychoanalytic Clinical Interpretation*, ed. L.Paul. New York: Free Press,1963, pp.143-161.
──(1967), Testing an Interpretation within a Session. In: *Freud: A Collection of Critical Essays*, ed. R.Wollheim. Garden City,N.Y.: Doubleday, 1974, pp.322-348.
Wortis, J. (1954), *Fragments of an Analysis with Freud*. New York: Simon & Schuster.（前田重治監訳：フロイト体験．岩崎学術出版社, 1989.）
Zeligs, M. (1957), Acting In. *Journal of the American Psychoanalytic Association*, 5: 685-706.
Zetzel, E.R. (1956), The Current Concept of Transference. In: *The Capacities for Emotional Growth*. New York: International Universities Press,1970, pp.168-181.
──(1958), The Therapeutic Alliance. In: *The Capacities for Emotional Growth*. New York: International Universities Press, 1970, pp.182-196.
──(1966), The Analytic Situation. In: *Psychoanalysis in the Americas*, ed. R.E. Litman. New York: International Universities Press, pp.86-106.
──(1966-1969), The Analytic Situation and the Analytic Process. In: *The Capacities for Emotional Growth*. New York: International Universities Press, 1970, pp.197-205.

訳者あとがき

　ほぼ40年前，境界例の人々との転移・逆転移関係の渦の中で道に迷っていたわたくしに，師匠である西園昌久先生はM. Littleを読むようにすすめて下さった。彼女からわたくしは逆転移のポジティヴな意義を学ぶことができ，現在まで続く自分なりの視点を得た。その後，転移解釈の技法論にゆきづまっていたとき，西園先生はM. M. Gillの出たばかりの論文を示して下さった。

　月日がたち，わたくしの指導を求めて来られる方々の中には，転移・逆転移の世界を生きようとする志向をもった方々が多かった。類は友を呼ぶのであろう。

　その中の一人，溝口純二さんとM. LittleとM. M. Gillという，わたくしの歴史上の大切なお二人の著作を共訳することができた。今では溝口さんは心理臨床の業界のリーダーの一人であり，転移・逆転移という関係論の視点から後進の指導にあたっておられる。文化の伝承というテーマを自分自身の体験として味わうとき，重い感慨がある。

　本著はGillの理論の著作である。しかし末尾の引用文献には自らのものが5篇しかなく，その中のいくつかは表題から察するに理論的著作でない。

　Gillは治療者である。治療の場を生きる者は言葉以前の体験を自らの心身に蓄積しており，そうした人が論をまとめようとすると，すっきりした構造になりにくい。常日頃，自己の心身内でくり広げられていた論争をぶちまけたようなものになる。

　Gill自身はこれでも言い足りないくやしさを噛みしめていたことが行間からくみ取れる。その分，訳業は難渋した。遠からず訳出する予定の第2巻実例集を参照してもらうことで，はじめて理解してもらえる論旨が多々あるであろう。訳者としての力不足の言い訳でもあるが……。

神田橋條治

訳者あとがき 2

　大学院を修了し、ロールシャッハ・テストを中心とした心理検査を実施していた私は、次第に心理療法に惹かれていった。その機会をはじめて与えられたとき、私はかなり意気込んで臨んだ。しかし回数を重ねていくにつれ、面接が非常に窮屈で不自由なものと感じられるようになった。患者から面接以外の関係を強く求められている感じがした。私が患者を刺激して、そうさせているようでもあったが、なにがどうなっているのかよくわからなかった。転移・逆転移と呼ばれていることが肝要だと思われた。

　数年後、神田橋先生に指導していただけることになったとき、私は最初の会で、ある症例を報告した。そのとき私は、「まだ1回しか会っていないのに、この人は、2回目に前回とまったく違う服装やお化粧をしてやって来た。誰だかわからないほどだった。これは転移であり、転移がこんなに早く生じるのは、重症ということだ」と述べた。それにたいして神田橋先生は、「そう考えるのではない。この人が前回とまったく違う服装やお化粧でやって来たのは、それがこの人が身につけた、自分の好意を示す唯一の方法なんだ。それ以外の方法を知らない、可哀そうな姿なんだ」という主旨のことをおっしゃった。

　以後私は、転移関係をまず生きる、という方向を目指して歩んできた。道は平坦ではなかった。誰の転移なのか、誰の逆転移なのか、よくわからない関係の世界の中にさらに入り込んでいった。時を経て、関係の世界を、以前よりは楽に体験できるようになった。そのとき作られている関係を、患者と共に生きることができるようになった。しかし、このことを治療技法としてあまり考えてこなかった。十分に意識しておこなってこなかった。

　今回 Gill を翻訳して、意識することの大切さを学んだ。「いつも意識すること」、「瞬間瞬間に新しく意識すること」が大切だと思った。このことは、矛盾するようだが、無意識を信頼することでもある。

　Gill は論客である。Freud を始めとして、多くの分析家の文献を引用しながら、自説を粘り強く説き起こしていく。転移分析の実際を、何とか言葉にして説得しようとする、その情熱と論理が凄かった。神田橋先生のご示唆がなけれ

ばわからないところが多々あった。屁理屈屋を自認していた私など，可愛いものである。それがわかってホッとしているし，もっときちんと理屈を捏ねようと思う。

　転移の世界は豊穣な世界である。人と人とが結びつき，人といろいろなものとが結びつく世界である。それどころか，私にとっては，ものとものとさえも結びつく豊かな世界である。今そう思っている私は，かつてはまったくそうではなかった。神田橋先生のご指導をはじめて受けてから，やっとここまで来たのかな，とつくづく思っている。

　本書はGillの主著である。転移に関する文献では必ず引用される古典である。この第1巻は理論家Gillが真骨頂を発揮した素晴らしい本である。そして臨床家Gillの治療者としての力量は，続いて訳出される第2巻に明らかである。読者にはぜひ両巻とも読んでいただきたい。読むことが自分の臨床技法を上達させる本というのはそうあるものではない。本書はそうした本である。

2006年1月

溝口純二

■訳者略歴

神田橋　條治（かんだばし　じょうじ）
1937年　鹿児島県加治木町に生まれる
1961年　九州大学医学部卒業
1971〜72年　モーズレー病院ならびにタビストックに留学
1962〜84年　九州大学医学部精神神経科，精神分析療法専攻
現在　鹿児島市　伊敷病院
著書　精神科診断面接のコツ
　　　精神療法面接のコツ
　　　精神科養生のコツ
　　　発想の航跡
　　　発想の航跡2
　　　「現場からの治療論」という物語（いずれも岩崎学術出版社）
　　　治療のこころ1〜12
　　　対話精神療法の初心者への手引き（いずれも花クリニック神田橋研究会）
　　　精神科における養生と薬物（共著）（診療新社）
　　　不確かさの中を（共著）（創元社）
訳書　H.スポトニッツ＝精神分裂病の精神分析（共訳）
　　　C.ライクロフト＝想像と現実（共訳）
　　　A.クリス＝自由連想法（共訳）
　　　M.I.リトル＝精神病水準の不安と庇護
　　　M.I.リトル＝原書なる一を求めて（共訳）（いずれも岩崎学術出版社）

溝口　純二（みぞぐち　じゅんじ）
1949年　和歌山県に生まれる
1978年　上智大学大学院文学研究科博士課程単位取得満期退学。臨床心理士。
現在　東京国際大学大学院臨床心理学研究科教授
著書　心理療法の形と意味（金剛出版）
　　　医療・看護・福祉のための臨床心理学（共編著）
　　　ロジャーズ再考（共著）（いずれも培風館）
　　　臨床心理学全書4　臨床心理実習論（共著）（誠信書房）
訳書　H.ブルック＝思春期やせ症の謎──ゴールデンケージ（共訳）
　　　H.ブルック＝やせ症との対話（共訳）（いずれも星和書店）
　　　M.I.リトル＝原書なる一を求めて（共訳）（岩崎学術出版社）
　　　P.ラーナー＝ロールシャッハ法と精神分析的視点（上・下）（共訳）（金剛出版）
　　　M.レボヴィッツ＝投映描画法の解釈（共訳）（誠信書房）

転移分析
理論と技法

2006年5月20日 印刷
2006年5月30日 発行

著 者　マートン・M・ギル
訳 者　神田橋　條治
　　　　溝口　純二
発行者　田中　春夫

印刷・あづま堂印刷　製本・河上製本
発行所　株式会社　金剛出版
〒112-0005　東京都文京区水道1-5-16
電話03-3815-6661　振替00120-6-34848

ISBN4-7724-0915-7 C3011　　Printed in Japan ©2006

精神分析における言葉の活用
妙木浩之著
Ａ５判　250頁　定価3,570円

　ウィニコットやサリバン，ラングスに加えて，グレイ，ギル，シェーファーといった米国のラパポート以後の世代の理論・技法をバックグラウンドに臨床の仕事にたずさわる著者が，それらの心理療法家たちの理論・技法をわかりやすく解説する。そして，臨床場面における道具としての言葉，言葉の認識機能としてのメタファーの重要性，実際の行為としての発話の力など，言葉とそれに付帯する要素をどのように活用すべきかを示す。

治療関係と面接
他者と出会うということ
成田善弘著
Ａ５判　260頁　定価3,780円

　全編を通じて，クライエントの内面への関心，了解，共感，関与といった一般的精神療法の諸要素こそがすべての精神療法の基本であるとする著者の精神療法についての感じ方，考え方が多くの事例を交えて率直に語られており，患者の気持に治療者が共鳴するとはどういうことか，患者の心理はどう動いていくのか，他職種とコミュニケートする能力とは，等，専門領域の知識と技術が豊富に盛り込まれた真に実践的な臨床指導書である。

私説対象関係論的心理療法入門
精神分析的アプローチのすすめ
松木邦裕著
Ａ５判　230頁　定価2,940円

　面接室をつくることから終結後のクライエントとの関係にいたるまで詳述し，その背景にある考え方を解説した本書は，クライエントとセラピストの間で本当に必須で具体的なことから説かれているので，どんな心理療法とも通底する部分が多く，心理療法を学ぶすべてのものに必読のものとなろう。また，初学者のための基本的なものだけでなく，著者発案の「困ったときの使える索引」なども入っており，ベテランにとっても面接室にしのばせて行きたい実践的で実用的な一冊となっている。

（価格は税込（５％）です）

自己心理学入門
コフート理論の実践

アーネスト・S・ウルフ著／安村直己，角田　豊訳
A5判　232頁　定価3,780円

　難解とされるコフートの理論であるが，表題に「入門」とあるとおり，本書は自己心理学に関する翻訳書の中では他に類を見ないほどわかりやすく，自己心理学の基本概念から実際の治療実践までが明快にまとめられた，優れた概説書であり臨床書である。
　現代は自己愛の時代と言われている。もっと自己愛の諸相，自己愛の問題を深く知り，真剣に考える必要があるこうした時代にあって，自己愛に焦点を当てた自己心理学の観点は，現代を読み解き，臨床に向かう際の非常に大切なセンスとなるであろう。

ラングス精神療法入門
コミュニカティヴ・アプローチの実際

ロバート・ラングス著　妙木浩之監訳
A5判　250頁　定価4,200円

膨大な著作をもつラングスだが，今回訳出された本書は，彼の理論の中心をなす「コミュニカティヴ精神療法」の全体像をコンパクトにまとめたものである。精神療法の基本的な規則の性質と働きについて，治療者‐患者間の相互作用の重要性，あるいは技法的な原則など，狂気とその治癒の構造と機能を解明するために，本書はきわめて刺激的な臨床的知見を提供している。

夢　生　活
精神分析理論と技法の再検討

ドナルド・メルツァー著／新宮一成，福本　修，平井正三訳
A5判　248頁　定価3,990円

　本書はフロイトによる夢理論の，〈構造論的理論〉の枠組みにおける最初の大きな改訂である。本書は夢生活の構造と機能を，心的生活の象徴的領域における決定的な側面として探究し，メラニー・クラインの概念，とくに心的現実の具象性と心の世界の空間的構造を活用する。この背景に加えて，ウィルフレッド・ビオンによる〈思考作用の理論〉とアーネスト・カッシーラーによる〈象徴形式の哲学〉が，夢と思考過程・言語使用・世界における行為との関係を探究する理論的基礎としてある。（本書解説より）

（価格は税込（5％）です）

ナラティヴ・セラピーみんなのQ＆A
ラッセル、ケアリー編／小森康永、他訳　ナラティヴ・セラピーの実践に重要なキーワードについての10個ほどの質問にそって技術書風に書かれた入門書。　2,940円

ADHDへのナラティヴ・アプローチ
ナイランド著／宮田敬一、窪田文子監訳　今日のADHD診断の急激な増加や、数多く行われる安易な投薬治療の現状に、鋭く疑問を投げかける書。　3,360円

ロジャースをめぐって
村山正治著　スクールカウンセリングや学生相談、エンカウンターグループ、コミュニティへの援助など長年にわたる実践と理論をまとめた論集。　3,780円

ストレス・マネジメント入門
中野敬子著　ストレスを自分でチェックし、軽減するようにコントロールする技術をだれもが学べ、実践できるようにしたわかりやすい解説書。　3,360円

子どもの法律入門
廣瀬健二著　子ども、とりわけ非行少年にかかわることの多い臨床実務家のために、子どもに関する法・制度の概要をわかりやすく解説する。　2,520円

電話相談の考え方とその実践
村瀬嘉代子・津川律子編　「いのちの電話」や被害者・被災者支援、産業臨床、子育て支援など、電話相談者のための実際的で具体的なテキスト。　2,940円

子どもたちとのソリューション・ワーク
I・K・バーグ、T・スタイナー著／長谷川啓三監訳　言葉による交流が難しい幼児から、非行に走る思春期の少年たちまで、臨床家の関わり方を詳述。　4,410円

育児支援のチームアプローチ
吉田敬子編／吉田敬子、山下 洋、岩元澄子著　妊産婦自身や母子関係の心理・精神医学的諸問題を取り上げ、臨床の実際を示す。　3,990円

学校におけるSST実践ガイド
佐藤正二、佐藤容子編　社会的スキルの評価方法、SSTを実施の手順や留意点を詳述した教師やカウンセラーのための最適の入門書。　2,625円

境界性パーソナリティ障害
J・ガンダーソン著／黒田章史訳　薬物療法、弁証法的行動療法、認知行動療法、家族療法等の治療技法の併用と有効性を提示する。　5,985円

家族療法のヒント
牧原 浩監修／東 豊編集　わが国の家族療法の草分け的存在である監修者を筆頭に、気鋭の臨床家が家族療法の諸技法を整理し、勘所を伝える。　3,150円

薬物依存の理解と援助
松本俊彦著　最新の実態に関する知見を紹介し、その臨床実践についてわかりやすくまとめた。薬物乱用・依存者対策を考える上で必読の書。　3,780円

精神科治療技法の上手な使い方
中河原通夫・久保田正春著　研修医やスタッフのために精神科治療技法・薬の使い方を解説。現場で役立つ109のキーワードや向精神薬一覧表も収録。　3,990円

シュナイドマンの自殺学
E・シュナイドマン著／高橋祥友訳　多くの要因からなる自殺の本質的原因を心理的な要因に求めたシュナイドマンの研究の全貌を明らかにする。　2,940円

臨床心理学
最新の情報と臨床に直結した論文が満載
B5判160頁／年6回（隔月奇数月）発行／定価1,680円／年間購読料10,080円（送料小社負担）

精神療法
わが国唯一の総合的精神療法研究誌
B5判140頁／年6回（隔月偶数月）発行／定価1,890円／年間購読料11,340円（送料小社負担）

（価格は税込（5％）です）